JOGOS:
Repetição ou Criação?

Abordagem Psicodramática

Dados Internacionais de Catalogação na Publicação (CIP)
(Câmara Brasileira do Livro, SP, Brasil)

Motta, Júlia M. C.
  Jogos : repetição ou criação? : abordagem psicodramática / Júlia M. C. Motta. — 2. ed. — São Paulo : Ágora, 2002.

  Bibliografia.
  ISBN 85-7183-801-1

  1. Jogos 2. Psicologia educacional 3. Psicodrama I. Título.

01-5605   CDD-150.198

Índice para catálogo sistemático:
1. Jogos : Abordagem psicodramática : Psicologia   150.198

Compre em lugar de fotocopiar.
Cada real que você dá por um livro recompensa seus autores
e os convida a produzir mais sobre o tema;
incentiva seus editores a encomendar, traduzir e publicar
outras obras sobre o assunto;
e paga aos livreiros por estocar e levar até você livros
para a sua informação e o seu entretenimento.
Cada real que você dá pela fotocópia não autorizada de um livro
financia o crime
e ajuda a matar a produção intelectual de seu país.

JOGOS:
Repetição ou Criação?

Abordagem Psicodramática

Júlia M. C. Motta

EDITORA
ÁGORA

JOGOS: REPETIÇÃO OU CRIAÇÃO?
Abordagem psicodramática
Copyright © 1994, 2002 by Júlia M. C. Motta
Direitos reservados por Summus Editorial

Capa: **Renata Buono**
Editoração e fotolitos: **JOIN Bureau de Editoração**

EDITORA
ÁGORA

Departamento editorial:
Rua Itapicuru, 613 – 7º andar
05006-000 – São Paulo – SP
Fone: (11) 3872-3322
Fax: (11) 3872-7476
http://www.editoraagora.com.br
e-mail: agora@editoraagora.com.br

Atendimento ao consumidor:
Summus Editorial
Fone: (11) 3865-9890

Vendas por atacado:
Fone: (11) 3873-8638
Fax: (11) 3873-7085
e-mail: vendas@summus.com.br

Impresso no Brasil

AGRADECIMENTOS

A mamãe-natureza, autora do lúdico para alegria dos homens. A meu mais antigo mestre, dr. Da Costa, cujos ensinamentos são doces como o mel. A M. R. Pereira e meu grupo de ecologia e espiritualidade. A meu grupo de faculdade, Ângelo, Sônia, Jane, Wagner, Bete, Hideack, Maria do Carmo e Terezinha, que continua "grupo". A dona Margarida, Rosa e Thais, companheiras no projeto com "meninas na rua". Aos clientes que me transformam ao se transformarem. A Spencer, que me ajudou a compreender o valor do IPPGC. Ao IPPGC, onde aprendo e ensino o "como se", em especial aos alunos e aos ex-alunos. A Perazzo e Falivene, meus supervisores. A Devanir Merengué, meu parceiro de co-direção. A Rita e Laura, professoras que testaram minha teoria de jogos. Aos primeiros leitores do livro, que contribuíram com preciosas críticas: Carminha (FEF-Unicamp), Devanir, Kaká, Falivene, Rosana, Cida, Perazzo, Júlia Paula, Tuca, Ana Raquel e Laura (minha mãe). A minha família.

Como pode o peixe vivo
Viver fora da água fria?

Como poderei viver?
Como poderei viver?

Sem a tua
Sem a tua
Sem a tua companhia.

A todos que são "peixes vivos"
no meu coração.

Com carinho,

Júlia

SUMÁRIO

Prefácio 11
Introdução à 2ª edição 15
Introdução 21

1 O lugar dos jogos na história do psicodrama 23

2 Os psicodramatistas escreveram 39

3 As bases do jogo no psicodrama: fundamentos do teatro e da psicanálise 55

4 Uma proposta de conceituação de jogos 75

5 Os grupos dos jogos: percepção, iniciação, improviso e dramático. 95

6 Um capítulo especial: "As meninas na rua" 115

Bibliografia 125

PREFÁCIO

Desde os últimos anos da década de sessenta, ao longo de uma lenta trajetória brasileira de assimilação, compreensão e redimensionamento da teoria do psicodrama, a que não faltaram discussões apaixonadas, discordâncias profundas, polêmicas produtivas ou gratuitas e posições às vezes sectárias, nunca deixou de haver unanimidade, entre os psicodramatistas, em considerar os conceitos de espontaneidade e de criatividade como centrais na construção e na base do pensamento e da prática morenianos.

Não há nenhum exagero em afirmar que o modelo básico em que Moreno se inspirou para criar e desenvolver o seu Teatro Espontâneo, que deu origem ao psicodrama, foi o dos jogos infantis, dos quais ele próprio participou quando criança e que, mais tarde, presenciou, já como adulto, nas brincadeiras de meninos e meninas nos jardins de Viena.

Tais fatos são conhecidos de sobra e têm sido citados e repisados na literatura psicodramática, não tanto pela falta de originalidade, mas principalmente pela imposição de uma verdade gritante que marca o início de um novo caminho a partir de uma encruzilhada sombria.

Parodiando Nélson Rodrigues, poderíamos até mesmo dizer que o gênio é aquele que é capaz de nos apontar insistentemente e com clareza o "óbvio ululante" que até então nos cegava.

Foi assim com Moreno e os jogos infantis. Foi assim com Freud e o hipnotismo e a histeria em sua prospecção do inconsciente.

Não é de estranhar, portanto, que nos mais de quarenta livros e setecentos artigos de psicodrama produzidos no Brasil nos últimos quinze anos não faltem referências a jogos dramáticos, com variados exemplos de suas aplicações práticas, em que se incluem os livros pioneiros de Regina F. Monteiro (1979) e de Aldo Silva Jr. (1982) sobre o assunto.

Sendo este o grau de importância que o jogo representa na teoria da espontaneidade-criatividade, e sendo o psicodrama a expressão encenada do desejo e da imaginação, fios condutores do ato de jogar, chega a espantar que se teorize tão pouco a respeito de tais articulações.

Um bom exemplo disso é a pouca importância que se dá à noção moreniana de realidade suplementar, que poderia muito bem situar-se no centro de uma teoria da imaginação, ainda por ser elaborada no psicodrama, e que se constitui no desdobramento criativo das ações humanas, possibilitando a emergência do deus, do herói, do anjo ou do demônio adormecidos dentro de nós, que o jogo permite descobrir e atuar, remetendo-os ao dia-a-dia do nosso mundo relacional com brilho novo.

Diante de tudo isso, fica evidente, na vigência de tais questionamentos, que é mais que oportuna a publicação do livro *Jogos: repetição ou criação?*, de Júlia Casulari Motta, pois, mais que oferecer aos psicodramatistas uma meia dúzia de dicas para renovar seu repertório de jogos, constrói-se uma compreensão de sua estrutura e significado, via única capaz de criar um fluxo natural de seu manejo, porque estreitamente vinculado às dinâmicas relacionais, em que a exigência do ato de jogar se estabelece como uma alavanca para o crescimento e como salto qualitativo de inserção mais bem situada do sujeito em seu átomo social.

Júlia nos oferece um cardápio em que degustamos a origem e a trajetória histórica dos jogos, com suas raízes culturais e míticas, incluindo a visão freudiana e o modo diversificado pelo qual os psicodramatistas se ocupam deles, tratando-os com uma aparente unanimidade, na qual estão contidas, como Júlia nos revela, contradições básicas de conceituá-los.

O próprio nome "jogos dramáticos", aceito e utilizado amplamente sem maiores críticas — por isso assim me expressei propositadamente ao situar os jogos na literatura brasileira especializada —, é aqui redefinido, colocando em xeque, mais uma vez, nossas "verdades" inabaláveis e indestrutíveis.

O jogo visto como uma forma de transmissão de cultura e como veículo de desenvolvimento da espontaneidade-criadora justifica por si só a indexação deste livro na lista de matérias que exige a atenção e a reflexão acurada de cada psicodramatista.

A discussão que a autora propõe sobre a direção ideológica da utilização prática do jogo antepõe a sua simplificação utilitária direcionadora de sentimentos canalizados para a passividade diante da vida, mediante um mero treino comportamental, à verdadeira proposta moreniana, em que as possibilidades humanas emergem naturalmente, ampliadas num processo co-criativo de co-existência, co-experiência e co-ação.

O capítulo final nos coloca frente a frente com as "meninas na rua", "meninas de *trottoir* e confinamento", nos lembrando o trabalho que Moreno realizou em sua juventude, em Viena, com um grupo de prostitutas, no próprio gueto em que viviam, e, mais tarde, entre 1932 e 1934, na Escola Hudson para Moças, em Nova York.

Se nesses dois momentos Moreno lançou as bases da psicoterapia de grupo, do psicodrama *in situ* e de seus experimentos sociométricos, o jogo com as meninas na rua reatualiza para o leitor um traço marcante da realidade brasileira, em que a rua se transforma de um lugar livre para brincar em desaguadouro de um abortamento provocado de infâncias e de adolescências.

Assim, dessa forma, o ciclo se completa, vida, jogo, fantasia e crua realidade, páginas em que não faltam sonhos repletos de carneirinhos, carneirões, peixes vivos e anjos grafados em ruas ladrilhadas, bem ali onde termina ou começa o bosque da imaginação, notas soltas de velhas cantigas de roda.

Sérgio Perazzo

INTRODUÇÃO À 2ª EDIÇÃO

> *O jogo é um papel em desenvolvimento, a parte do papel orientada para o futuro, o que dele resulta; as regras são escolas de vontade; e a situação fictícia é o caminho da abstração... a imaginação nasce no jogo.*
>
> Daniil Elkonin, 1998

Que jogo interessante ler este livro seis anos depois! Confesso que o dito moreniano se confirmou nesta experiência: "maior do que a obra criada é a transformação do criador" (54).

Não considero que um livro tem um criador, pois escrever é dialogar com alguns, é reescrever o já escrito, é polemizar com outros e, no máximo, esperar que o leitor, ao nos ler, também queira escrever, conversar, jogar no mesmo time ou participar do campeonato.

Hoje, senti vontade de modificá-lo, procurei consertar os erros que vi, quis acrescentar novos capítulos, parecia que o estava lendo pela primeira vez. A transformação do leitor/autor é a grande riqueza do jogo de escrever.

Resolvi, então, fazer uma leitura comentada à guisa de introdução a esta edição.

Começo confidenciando ao leitor que a motivação para escrever este livro teve início quando descobri que não sabia mais brincar. Para mim, um brinquedo não passava de um produto e o jogo um instrumento psicopedagógico; havia perdido a autorização que o mundo mágico nos dá de criar e recriar a história.

Convidada para participar do projeto "As meninas na rua", precisava redescobrir a capacidade de descolonizar o imaginário para expandir meu universo de possibilidades. Foi um grande desafio conseguir esta linguagem "da situação fictícia como caminho da imaginação" que pudesse me pôr em comunicação com estas meninas na rua. No Capítulo 6 registro esta vitória por intermédio de alguns jogos neste projeto de Saúde Coletiva. Da prática à teoria, passo a destacar alguns conceitos teóricos básicos, desenvolvidos nos capítulos anteriores, para a construção de uma epistemologia dos jogos.

Todo jogo necessita de um *palco lúdico*, a que chamo de *realidade suplementar*. Este é o contexto necessário para que a verdade/mentira, realidade/ilusão tomem outras dimensões que permitam que o "como se", o "faz-de-conta" se instale. Nele os atores recriam os fatos, trazem um novo nível de compreensão que modifica a visão do real. A realidade é, para os atores no jogo, um conceito de verdade flexível, relacional, suplementar. No jogo, território do faz-de-conta, diferentes níveis de realidade convivem, da realidade social e grupal vem a história oficial, da realidade virtual chega o desejo, as pulsões, o não visto mas sentido. Imaginar, sonhar, mentir ludicamente no faz-de-conta é o que nos permite sair do conflito transformados.

Para jogar é fundamental resgatar a criança dentro de nós, pois as crianças sabem brincar, são elas que transitam entre fantasia e realidade, levando e trazendo elementos de um contexto a outro, refazendo a história com a liberdade de um criador. Como todos os mamíferos, as crianças já nascem sabendo brincar, mas são capazes de ir além, de se apropriar do mundo criando seus jogos dramáticos. Este potencial para o aperfeiçoamento próprio é uma peculiaridade humana que distingue o ser humano dos filhotes de animais. Mas, curiosamente, a criança não joga para evoluir; ela evolui porque joga.

A realidade suplementar, que conceituo como espaço que permite a transformação, reúne em um único feixe realidades diferentes, transforma enquanto acontece, prescindindo do resultado. Em outras palavras, o jogo modifica o jogador enquanto ocorre e seu resultado é menos importante que o processo.

Mas é necessário não ter uma visão ingênua dos jogos, acreditando que todos são facilitadores da evolução humana. Neste anseio de fazer ciência, os jogos possam ser agrupados assim:

Jogos de repetição espiral, onde o imaginado se faz ação para permitir que os atores criem personagens com poder de autor, numa dança que desconstrói e constrói, transformando a trama do velho em novo. Joga com a cultura, a tradição e a unidade espontâneo-criadora, isto é, a capacidade de criar respostas novas para situações antigas. Esse tipo de jogo cria a realidade suplementar e é criado por ela.

Jogos de repetição circular, apesar de também ocorrerem no contexto da realidade suplementar, aprisionam os atores no círculo da repetição, pois estão comprometidos com a manutenção de uma história oficial. O homem joga para sentir sensação de realização, mas não tem o compromisso de mudança, se limitando à repetição.

Abordei, em seguida, os grupos de jogos que compõem os diferentes tipos de jogos em espiral, em um movimento de construção sem fim. Antes é necessário um olhar para os brinquedos e as brincadeiras de uma cultura, que revelam o imaginário desta sociedade, bem como o que se espera das crianças. Assim, as sociedades que oferecem espaço lúdico com jogos que associam ação e fala provavelmente estão estimulando interações, vínculos entre pessoas. Sociedades que oferecem excessivamente jogos eletrônicos, vídeos, brincadeiras que prescindem da palavra falada podem estar facilitando a individualidade em detrimento dos vínculos e das interações.

Muitas pesquisas (destaco as da escola russa de psicologia dos jogos) mostram que os brinquedos de uma geração são eficientes estímulos para o desenvolvimento de determinadas profissões no futuro. Esta afirmação nos remete a pensar o lugar da criança na sociedade e não se pode compreender este fato fora da história, sabendo que a história está organicamente vinculada ao lugar da criança nesta. História e criança, criança e história se influenciam mutuamente. O brincar, entre outras funções, prepara para o trabalho, para a vida adulta e propicia a formação da imaginação dramática.

Considero que a *imaginação dramática* é fundante em toda aprendizagem humana. Sem os jogos, a educação não passaria de mero treinamento para primata superior. As crianças que brincam são as que amam a vida, portanto, lutam com mais coragem. O jogo, como arte, lhes permite uma forma estética, organizada e livre de participação na aprendizagem da vida.

Como construtor da saúde, o jogo traz a *economia* — ou a redução — quando permite que os atores refaçam cenas, criem diferentes personagens para o mesmo papel, permitam-se o proibido por meio do deslocamento do foco ou do objeto. A imaginação dramática contém a alegria, o trágico e o cômico.

Reunidos estes conceitos básicos, já é possível pensar como os jogos de repetição espiral podem ser agrupados. Para conceituar cada grupo, foram usadas as mesmas categorias:

1º e 2º universos morenianos que são estágios evolutivos da criança, desenvolvimento do rito, ritual, mito e tragédia na humanidade, correlação com os quatro teatros morenianos, palavra-síntese.

Estes conceitos foram organizados em colunas para que o leitor possa comparar, refletir e concluir por si mesmo.

Propus que os jogos fossem agrupados com os seguintes nomes: *de percepção, de iniciação, de improviso* e *dramático*, que se complementam. Nesta proposta, nem todo jogo é dramático, e a classificação muitas vezes só é possível após o jogo, por meio das suas conseqüências.

Também foi abordada uma falácia muito comum quando se diz que os jogos ocorrem em campo relaxado. Como o palco do jogo é a realidade suplementar, os atores se distanciam do campo tenso do conflito para viver outro campo tenso — o lúdico. A afirmação de que o jogo só ocorre em campo tenso da criação se baseia nos dois conceitos já apresentados que são *economia e realidade suplementar*, que permitem aos atores se distanciarem do campo tenso do conflito para viver a *tensão lúdica* que desconstrói o velho, base formadora do conflito. No jogo, há desprendimento da realidade, mas há também penetração nela.

O jogo de repetição espiral é a criação na ação lúdica em campo tenso ideal. Os jogos de repetição circular se encontram aprisionados no campo tenso do conflito, reproduzindo-o no contexto lúdico.

É sempre bom lembrar que, quando se usa um jogo, é necessário atenção para quem e para que é o jogo, pois como o jogo é instrumento de poder sobre a realidade, é importante saber com que *ética* se usa tal recurso.

Finalizando este passeio, quero destacar a diferença entre os conceitos de *dramatização* e *jogo dramático*. Ambos possuem dramaticidade, ocorrem em palco da realidade suplementar, pressupõem personagens, cenas, trama a ser revelada, uma verdade nova a ser conquistada e resolução dramática. O que caracteriza uma dramatização é ser criação moreniana no teatro terapêutico; as personagens nascem da subjetividade histórica do protagonista.

O jogo dramático não é uma criação moreniana. Tem sido estudado por diferentes correntes da filosofia, da pedagogia, da psicologia.

Propus que, como recurso no psicodrama, o *jogo dramático* seja conceituado como uma ação dramática que ocorre no contexto da realidade suplementar onde os personagens são criações da subjetividade coletiva dos atores. É jogo dramático espiral porque, imediatamente quando desconstrói o velho e o transforma em novo, passa a reduzir o novo em velho e novamente requer novo jogo para manter atualizada a verdade que busca.

Hoje, para mim, estudar jogos e sua função na ação civilizatória da humanidade continua sendo um estímulo instigante. Como aluna do doutorado em Saúde Coletiva, na Unicamp, pesquisando os *jogos no mundo do trabalho*, quero traçar relações entre a criatividade das brincadeiras infantis e as saídas efetivas para os conflitos entre trabalhador e a organização do trabalho.

Pergunto-me:

Tem o psicodrama, e os jogos vistos por esta óptica, contribuições a oferecer para o trabalhador em seus conflitos no mundo do trabalho?

Que os jogos nos transformem!

Júlia Motta
janeiro de 2002

INTRODUÇÃO

Este livro nasceu da minha prática como professora no Instituto de Psicodrama e Psicoterapia de Grupo de Campinas. Nasceu também do meu trabalho clínico e da minha prática em saúde pública.

O projeto do livro tem o objetivo de motivar o leitor a refletir sobre a importância dos jogos no desenvolvimento da Humanidade, das crianças e dos profissionais que trabalham ou pretendem trabalhar com grupos.

Os jogos são o "psicodrama" que a natureza criou. Sendo assim, são anteriores à psicologia, à pedagogia, à filosofia... Para alguns, entre os quais me incluo, o lúdico é parte da Criação universal. Heráclito, por exemplo, já correlacionava o brincar da criança com o movimento da força criadora do Universo. Naffah Neto (64), comentando Heráclito, diz que este vê o fogo como a força criadora do Universo.

"E *Lógos* como o movimento do fogo, que constrói e destrói com o mesmo humor inocente com que uma criança faz e desmantela castelos à beira do mar; é o jogo cíclico de Aión, o tempo."

Continua Naffah Neto, em nota de rodapé, dizendo que este pensar está presente no aforismo 52 de Heráclito, que diz: "Tempo é criança brincando, jogando; de criança o reinado".

Assim, este jogo cíclico da Natureza dá aos animais e aos homens o modelo de criação, desenvolvimento, relacionamento... A Natureza, em sua sabedoria, nos lega o modelo natural lúdico, cheio de graça e leveza, ao mesmo tempo que sério e comprometido, pois é a manifestação da ordem universal: o dia e a noite, as quatro estações do ano, o ciclo da chuva, o sol, a lua...

Os jogos, como os conhecemos, são recriações que os animais e os homens fazem como filhos da mamãe-natureza.

Minhas reflexões não esgotam o assunto. Elas têm como público-alvo os que, como eu, estão iniciando no gosto pela pesquisa e pela escrita. Escrevo como se estivesse dando aula, portanto, misturo narrativa e teoria. Essa forma pretende ser uma estrutura que torne o livro leve e de fácil leitura. Espero que a convivência entre imaginação e reflexão seja um jogo metafórico didático.

O primeiro capítulo é dedicado a uma leitura comentada sobre escritos de Jacob Levy Moreno e Zerka Moreno a respeito de jogos.

No segundo capítulo, dedico-me a fazer um levantamento bibliográfico dos escritos psicodramáticos de jogos.

Em seguida é feito um passeio pela história da Humanidade desde a criação dos ritos, rituais, mitos, tragédia e teatro, bem como a reflexão freudiana sobre o jogo de repetição.

No quarto capítulo faço uma proposta de conceituação dos jogos em grupos: jogos de percepção, de iniciação, de improviso e jogos dramáticos.

O quinto capítulo são sugestões para criação de jogos e exemplos vividos de cada tipo de jogo. (Todos os jogos relatados foram previamente autorizados por seus participantes.)

O capítulo final é uma homenagem às meninas na rua com quem muito aprendi. Relatei somente alguns episódios que deram certo, em que as meninas e eu saímos engrandecidas. Precisávamos contar nossos sucessos para as pessoas, visto que o projeto foi interrompido à revelia das nossas vontades.

Agradeço a atenção do leitor e, quando estes escritos em movimento motivarem as pessoas sobre o tema, terá cumprido sua tarefa.

CAPÍTULO 1

O LUGAR DOS JOGOS NA HISTÓRIA DO PSICODRAMA

ou *Carneirinho, carneirão, neirão, neirão*
Olhai pro céu, olhai pro chão...

Penso que um bom começo para um livro de jogos é: "Era uma vez... Milhares e milhares de anos atrás... Na época em que os bichos falavam... Na terra do nunca...", e muitas outras expressões, dessas que já nos tiram do cotidiano e nos aquecem para uma "viagem" além do contexto social e da racionalização.

Nós adultos gostamos de dizer que isto não é coisa séria, que bom mesmo é saber sobre a cotação do dólar, a inflação ou a ciência provada e reprovada (sem trocadilho) da tecnologia laboratorial. Sem negar o valor a esta, é importante poder crescer intelectualmente sem perder a imaginação. Porque, como diz Brandão, "quem perde a imaginação perde a imagem, o que é sempre perigoso" (12). E o lúdico é uma maneira saudável de, usando a imaginação, manter em ação a espontaneidade-criatividade.

A história deste livro começou há algumas dezenas de anos, quando nasci e cresci no interior de Minas Gerais. Lá onde a cultura de contar "causos" e histórias fantásticas enchia de colorido o mundo do adulto e da criança. Era por meio da transmissão oral que os valores, os conceitos, a ciência e a sabedoria dos mais velhos chegavam até as crianças.

O hábito de pôr a cadeira na calçada ao entardecer podia ter duas utilidades: as fofocas da candinha e a possibilidade de interação entre as pessoas. Era o momento de parar o ritmo do dia e prestar atenção em si e no outro. Assim, o conceito de família, de amigos, de compadres terminava por ser tribal. As crianças eram educadas por todos e o limite da liberdade era a cidade, já que todos se conheciam.

Conversar era a melhor diversão para as pessoas. Para as crianças, o prazer estava em criar brinquedos com material local e com eles montar seus jogos.

Também tínhamos os professores nativos. Lembro-me do meu primeiro professor de "mitologia", seu Demostro, preto velho e colono nas terras onde vivíamos. Seu Demostro, ao entardecer, reunia as crianças e juntos fazíamos uma fogueira. Era o cenário da minha primeira escola, onde aprendi muito do que sei hoje.

Reunidos ao redor da fogueira, disputando batatas-doces na brasa, íamos recebendo aulas sobre os fenômenos da natureza; sobre o folclore rico em mula-sem-cabeça, saci-pererê, o negrinho do pastoreio, histórias de amor, relação entre o mundo dos vivos e dos mortos. Nada ficava sem resposta, tudo podia ser perguntado. Quando uma indagação embaraçava o professor, este decidia, "democraticamente", que era hora de dormir. No dia seguinte ou dali uns dias lá vinha ele com aquele assunto pensado e, como quem não quer nada, nos dava uma bonita explicação. Os fenômenos da natureza eram os temas prediletos e, como nos contos de fadas e da carochinha, nos brindava com ricas aulas de astronomia, astrologia, mitologia etc.

A lógica era a do fantástico, em que as peripécias de cunho heróico e excepcional punham o ator principal em lugar de destaque. Fosse o protagonista um ser humano ou um fenômeno da natureza.

Vejamos a história do Sol, sua origem, seu caráter e sua missão no espaço:

"...Era uma vez, os homens nem existiam, quando a Terra nasceu para ser o céu de cabeça para baixo. Aí, a Terra era escura e muito atrasada, mas tinha um rei muito bom que queria ajudar a Terra. Quando morreu, ele virou o Rei Sol..."

Quanta poesia! Quanta beleza e possibilidades existem nessa pequena história!

Dessa maneira, minha infância rural me deu uma riqueza mitológica que somente nos últimos anos comecei a valorizar.

Às vezes, o ser se distancia de sua origem num movimento de individuação, e para isso usa diferentes recursos, nem sempre bonitos e justos.

Quando se reconhece indivíduo e perde o medo do grupo de origem, pode-se então reconhecer o que já se sabia — suas raízes.

Comigo não foi diferente. Só acreditava no que era demonstrável e provado.

Em 1980, quando me reencontrei com o psicodrama, estava carregada de um saber livresco. Era um conhecimento tão sofisticado e explicativo que essas vivências mineiras dos "causos" só eram lembradas para chacota. O saber caipira não tinha valor, era coisa de jeca-tatu. O retorno ao psicodrama me colocou diante de um espelho indigesto: tentei brincar e não podia. Todo o saber do qual tanto me orgulhava havia se transformado em farda militar. E eu era um soldadinho de chumbo.

O que fazer comigo, alguém que se havia transformado em um soldadinho de chumbo? Ou aceitava o desafio ou batia em retirada. Lembrei-me da música:

Marcha, soldado
Cabeça de papel
Se não marchar direito
Vai preso pro quartel

Ou aprendia a marchar direito, isto é, a criar o natural do ser humano que é a flexibilidade, a espontaneidade-criatividade, a alegria que traz saúde, ou então ia "presa pro quartel" da vida reservada, que repete sem evolução.

Melhor é a saúde, mesmo que envolva muito esforço.

Aos poucos, fui vencendo as barreiras, os preconceitos, as inseguranças, os medos e, principalmente, as mágoas e culpas.

Um dia, num lugar especial e protegido, ousei dispensar o dublê e entrar em cena.

Meu dublê, isto é, meu personagem de defesa, aquele lado que eu sempre chamava para entrar em cena no meu lugar quando estava ameaçada e com medo, ficou no banco de reserva.

Nesse dia lembrei-me do cenário da minha primeira escola: a fogueira, o contador de "causos", a história da Terra e do Sol. "A Terra é o céu de cabeça pra baixo", e desconectada do céu, onde está a luz, fica escura. Precisava encontrar saída, e, segundo a história do seu Demostro, a solução estava num rei bondoso que quando viveu na Terra queria ajudar.

Com o psicodrama encontrei o rei bondoso chamado Sol. E a Luz se fez: eu brinquei!

Então compreendi que conhecer é reconhecer, pois tudo está guardado em nós.

Poeticamente escrevi aqui a minha trajetória de perda da espontaneidade-criadora (Rei Sol) e o mau uso da cultura que me levou a criar um personagem soldadinho de chumbo vivendo numa terra escura. Quando se perde a espontaneidade-criadora se torna uma terra escura, onde existem riquezas que não são vistas, por isso é o céu de cabeça para baixo.

A história-mito do Rei Sol, que tantas vezes considerei sem sentido e tola, foi incorporada em mim. Ampliei limites e limitações e intimamente pedi desculpas a Minas Gerais por tê-la esquecido.

Quando já adulta, começando a me aproximar da simplicidade, pude descongelar em mim o Rei Sol, também chamado por Moreno de "centelha divina". Estava novamente no fluxo do movimento evolutivo, no qual a espontaneidade-criadora possui tempo e espaço.

Este tempo-espaço a que me refiro é o aqui-e-agora, que torna presente o acontecer. Nem se vive de recordação, nem de projeção, isto é, nem de olho no passado ou no futuro.

Bom mesmo é estar no presente!

Com base no meu apaixonamento pelo psicodrama e suas possibilidades (testadas e aprovadas por mim), me prometi solenemente: um dia escrevo um livro sobre o brincar, os jogos. Neste dia estarei fazendo a epistemologia da minha vivência na terra como pessoa e como psicodramatista. Chegou a hora!

Nestes escritos em movimento vou-me tornando uma contadora de "causos", e só falta a fogueira com a batata-doce, ou a cadeira na calçada da rua.

Convido o leitor a viajar comigo pelos trabalhos de outros psicodramatistas sobre o tema. Busquei fazer um levantamento bibliográfico do assunto.

Comecemos por Moreno (54) e a conhecida cena de brincar de Deus, aos quatro anos. Ele vivia em Viena com sua família. Um dia convidou os amigos para brincar de Deus. Montaram o céu com várias cadeiras sobre uma mesa, e Moreno, neste cenário, representou Deus. Quando os anjos representados pelas outras crianças lhe perguntaram: "Por que não voa?", Moreno abriu os braços e caiu no chão, resultando em um braço quebrado.

Moreno escreve sobre esta vivência, pois foi dessa forma que aprendeu, gradualmente, que outras crianças gostam também de brincar de Deus. Reflete ainda que há um profundo significado no jogo de Deus das crianças, e que ele, Moreno, continuou ao longo da vida atraído pelo misterioso plano infantil de brincar de Deus. Vemos aqui a primeira raiz lúdica do psicodrama.

Mais tarde, o autor atualiza esta cena no Komaedieu Hans, em 1º de abril de 1921, entre sete e dez horas da noite, quando considerou ser o nascimento do psicodrama. Nesse dia fez uma apresentação sozinho, diante de uma platéia de mais de mil pessoas. Quando as cortinas se abriram, o palco estava vazio, com exceção de uma poltrona vermelha de espaldar alto como o trono de um rei. Tempo de pós-guerra, em Viena não havia governo estável. Era uma cidade inquieta em busca de um líder. Ele convidou o público a subir no palco e experimentar ser rei. Quando terminou o espetáculo, ninguém havia sido aprovado. O público era o júri. Viena continuava sem "rei", assim como Moreno, aos quatro anos, não havia sido aprovado como "deus".

A raiz lúdica do psicodrama é atualizada no jogo de ser Rei. Agora voltemos nosso olhar para o pensamento de Zerka, companheira de vida e parceira de trabalho de Moreno, como pensa o jogo, seu valor e sua importância.

Para Zerka Moreno (58), é importante recriar e compreender em nós o mundo da criança pequena para podermos nos tornar psicodramatistas. Diz a autora sobre contos de fadas: "Todas as religiões atestam esta revolta contra o fato de se ter nascido em um 'insignificante cantinho' do universo. Também nos revela o folclore de muitas culturas antigas em seus contos de fadas, que dão ao homem um poder mágico, possibilitando-lhe transformar-se em qualquer coisa que deseje ser".

Para sair do "insignificante cantinho" do universo é preciso brincar de Deus, de Rei, de Terra, como o céu de cabeça para baixo iluminado pelo Rei Sol.

A família Moreno nos brinda com um jogo familiar assim representado: Moreno (55) descreve suas experiências — dele e de Zerka — com seu filho Jonathan, quando imitava os animais e esperava comportamento complementar dos pais. Diz assim Moreno: "Ele (Jonathan) estava tentando chegar cada vez mais perto da coisa 'cão' e, possivelmente, tornar-se um deles", esperando o reconhecimento dos pais.

As crianças usam intuitivamente este método. Quando empregado consciente e sistematicamente para o propósito de treinamento, chama-se *role playing*, tema teórico desenvolvido por Moreno, que reflete: (57) "*role playing* é personificar outras formas de existência por meio do jogo. É uma forma especializada de jogo, apesar de o termo ser acompanhado freqüentemente por conotações enganosas, ficando reduzido à interpretação dada pelos adultos". Ao escrever sobre possíveis conotações enganosas dadas pelos adultos ao jogo, Moreno nos chama a atenção para o mau uso que se pode fazer desse recurso rico e útil ao desenvolvimento humano.

De acordo com o autor, "o *role playing* foi a técnica fundamental do Teatro da Espontaneidade vienense. Devido ao papel preponderante que a espontaneidade e a criatividade têm no *role playing*, este foi denominado *role playing* Espontâneo-Criativo".

Novamente o jogo é reconhecido por Moreno em outra vertente do psicodrama — o teatro da espontaneidade.

Como já citei aqui, no primeiro teatro para a espontaneidade foi criado o cenário (palco vazio e trono), e as pessoas foram estimuladas a personificarem outra forma de existência: ser Rei.

No teatro para a espontaneidade ou no teatro da espontaneidade, o jogo de criar personagens é a base da proposta. Essa experiência contínua do teatro acabou, de certa forma, muito afastada de sua origem, e ele buscou uma nova forma de representar. Criou o palco redondo tomando como modelo a natureza onde toda a comunidade fica a sua volta. Ali tinham primazia o *self* do ator e sua criatividade espontânea. Ao se afastar de sua origem, a tragédia grega, o teatro se banalizou, tornando-se um teatro da repetição, muitas vezes sem dramaticidade. Moreno, ao resgatar a relação ator/platéia/protagonista etc., remete o teatro de volta a sua origem, onde sagrado e profano se unem.

Sobre Viena de 1910, Moreno escreve que estava impregnada dos três materialismos: o materialismo econômico de Marx, o materialismo psicológico de Freud e o materialismo tecnológico do navio a vapor, do avião e da bomba atômica. Apesar de dissidentes, essas três formas de materialismo possuíam um denominador comum — um medo e um despeito profundos contra o *self* criativo e espontâneo (que não deve ser confundido com gênio individual, que é somente uma de suas várias representações).

Apesar de não ser nosso objeto de estudo no momento, assinalo que nesta citação de Moreno ele se refere à influência do avião e da bomba atômica em Viena de 1910, sendo que ambos só aconteceram posteriormente. O que nos importa é a referência à distinção entre *self* criativo e espontâneo e gênio individual.

Uma das primeiras descobertas de Moreno foi que a espontaneidade pode ficar rançosa, caso não se preste atenção ao seu desenvolvimento. A segunda descoberta é que a espontaneidade pode ser treinada, mesmo que sua chama inicial seja imensamente tênue.

O estudo do processo de aquecimento dos atores e da platéia, a pesquisa de ação e do papel, métodos de comunicação do impacto, diagramas de interação e escala de espontaneidade foram conseqüências do teatro da espontaneidade.

O teatro da espontaneidade busca, segundo seu criador, continuar "a obra de Deus de criar o mundo", ao abrir para o homem uma nova dimensão da existência, um lugar onde o homem pode ser livre.

Porém, diante das dificuldades encontradas, Moreno voltou-se "temporariamente" para o teatro terapêutico. Essa decisão estratégica foi o que provavelmente salvou do esquecimento o movimento psicodramático. Por isso, o autor reivindica a primazia de ter mostrado o caminho "da representação lúdica como princípio terapêutico". Escrevendo sobre o tema em outro momento, diz que (57) "a situação lúdica na terapia de jogo tem uma estrutura própria e desenvolve-se melhor se permitirmos que formule e aperfeiçoe seus conceitos de acordo com as suas próprias necessidades".

Moreno (57) descreve o Teatro do Conflito como o teatro resultante do choque entre o teatro no palco (que é o do passado) e o teatro da platéia (que é o do movimento). Do encontro entre essas duas potências nasceu um terceiro teatro: o do Conflito. O drama emerge do choque entre essas duas potências, de seu conflito recíproco. De ambos os lados as forças se organizam desde a primeira cena, os atores no palco e os representantes da audiência, enquanto o corpo geral interfere e co-atua em momentos cruciais.

Lidamos assim com o drama em um nível em que o estético separado do terapêutico perde o sentido por ficar sem dramaticidade.

A espontaneidade-criatividade é o foco primário de atenção, o compromisso com a integridade e a sinceridade do sentimento valem mais que o nível estético.

A catarse se desloca do espectador para o ator e do ator outra vez para o espectador, num processo de retroalimentação. Do teatro do Conflito nasce o teatro Terapêutico.

Assim escreve Moreno (57) sobre o teatro terapêutico: "o teatro legítimo não tem vergonha; acontece num lugar determinado, o tema é pré-arranjado, é dedicado à ressurreição de um drama escrito, é disponível a todos, sem discriminação. O verdadeiro símbolo do teatro terapêutico é o lar particular. No teatro da espontaneidade o momento é livre, presente em forma e conteúdo, mas o local secundário e derivado. No teatro terapêutico são originais tanto espaço quanto o momento. O local primário da experiência é o *locus nascendi*, o momento primário da criação, *status nascendi*. Tempo e espaço são reunidos numa síntese. No teatro terapêutico realidade e ilusão são uma só coisa".

"Cada verdadeira segunda vez liberta a primeira", uma vez que ao revivê-la verdadeiramente o ator conquista o ponto de vista do criador. A vida e o psicodrama ofuscam um ao outro, e acompanham-se no riso. É esta a forma final do teatro — o teatro do Criador (57). O repertório do palco celeste consiste na repetição eterna de uma única peça, a da criação do universo. São necessários inúmeros palcos a fim de que este drama possa ser encenado. Um palco com muitos níveis; um mais alto do que o outro e cada um conduzindo ao outro. A cada nível existe um teatro, e no nível mais alto existe o palco do Criador.

"As estrelas despontam no céu, e a peça começa.

Aquele que ama a realidade ama a representação ainda mais; é por isso que as crianças amam representar."

Chamo a atenção do leitor para esta rica afirmação moreniana em que nos diz ser o teatro vida. *Representar é experimentar a vida em suas múltiplas possibilidades.* Diz Moreno que quem ama a si mesmo ama a ilusão ainda mais; portanto, as pessoas que temem o palco perderam temporariamente a criança que existe dentro delas. O poder entrar no "como se" de uma dramatização, na realidade suplementar do espaço lúdico é experimentar a vida em suas múltiplas facetas.

Moreno (56) escreve sobre sua experiência com crianças nos jardins de Augarten (Viena): "Sentado ao pé de uma árvore eu lhes contava contos de fadas(...) Por detrás da tela de contos de fadas contados às crianças e da encenação dos sociodramas de uma nova sociedade, tentava plantar as sementes de uma revolução criadora".

Dessa experiência nasceu, segundo o autor, o processo de resgate do teatro que havia se tornado rígido e "dogmático", no qual o produto criativo final aparecia irrevogável.

A tarefa de construir o *locus* original do teatro se apresenta em quatro soluções: teatro do conflito ou teatro crítico, teatro da espontaneidade ou teatro imediato, teatro terapêutico ou teatro recíproco e o teatro do Criador.

Em todo esse processo a presença do jogo é uma constante. A raiz lúdica do psicodrama é fundamental e constitui o pressuposto básico para chegar à Revolução Criadora proposta por Moreno. Porém, não encontrei em tudo que já li de Moreno uma conceituação clara de jogo. Às vezes me pareceu que a palavra era usada no sentido comum do termo: jogo como repetição; outras vezes vi a palavra "jogo" ser usada como a expressão de uma ação extremamente rica e recheada de espontaneidade-criadora. Penso que Moreno, nesses dois momentos, nos fala que os jogos a serviço da manutenção cultural são os criados pela tradição com o objetivo de manter os padrões estabelecidos. Estes podem estar ligados à repetição circular. São os que chegam a levar o ser humano a uma tendência de cultivar hábitos ou vícios. Às vezes, jogos grupais, institucionais ou individuais podem estabelecer o mesmo princípio da não-transformação.

Este grupo de jogos nasce como forma de transmissão da cultura. Na sua origem, são formas criativas de os homens passarem seus valores de geração a geração. A ação de conservar, de criar cultura e tradição em si é uma necessidade sadia dos povos e grupos. O aprendido é substrato para as ações espontâneas-criativas. Somente quando, em algumas situações, os jogos se cristalizam em repetições circulares é que deixam de ser jogos a serviço da evolução.

O outro grupo de jogos, ligado à espontaneidade-criadora, é o que facilita para que o homem busque a aquisição, o desempenho e a criação de respostas novas.

Moreno retrata assim quando descobre que "existe para a unidade criativa o momento ótimo de atualização". Quando se refere à unidade criativa está se reportando ao conjunto formado pelo aprendido, a cultura e a espontaneidade-criadora. Para o indivíduo criar o novo precisa mobilizar esta unidade, obtendo respostas novas às questões antigas.

Muitas vezes o homem repete como forma de se preparar, como movimento diferente de ir construindo sua verdade interna, que se manifestará no momento ótimo de atualização, graças à mobilização da unidade criativa. Esta verdade se aplica ao ator do teatro da espontaneidade. Também se manifesta nas idéias que são comuns a todas as pessoas numa mesma cultura: contos de fadas, idéias religiosas etc. ou conceitos significativos para somente uma pessoa ou para um grupo pequeno. Moreno completa a reflexão dizendo: "A escala individual de produção de profundidade obedece a mecanismos similares àqueles presentes à escala cultural geral para produção de profundidade".

Assim, muitas ações podem vir a se tornar um jogo para conservação. Em outro momento, uma ação extremamente parecida à anterior pode estar a serviço de um movimento evolutivo e transformador. A produção de profundidade num jogo pode ocorrer em um brincar simples da criança ou numa pequena ação de um adulto. Muitas vezes essa diferenciação entre um jogo da conservação e um jogo da atualização só se torna possível pelas conseqüências, isto é, pós-jogo.

Toda aprendizagem inclui a repetição, e isso se dá também nos jogos. Portanto, o ato de repetir pode ser parte de uma aprendizagem ou ser um repetir sem transformação, automatizado. Proponho que chamemos de *jogos de repetição circular* os jogos em que o homem não cresce. E de *jogos de repetição em espiral* os jogos de aprendizagem, do movimento evolutivo.

Para a análise do ato criativo e das formas criativas, Moreno (57) diz que o candidato a ator espontâneo se depara com quatro formas de resistência que deverá superar:

— Resistência decorrente de ações corporais na apresentação do papel.

— Resistência da personalidade particular na produção de idéias.

— Resistência decorrente das ações corporais, das idéias e emoções dos atores que trabalham juntos.

— Resistência da platéia.

Ao vencê-las, o ator chegará ao teatro de inspiração e produção poética. Às vezes, o desempenho foi despertado cedo, e a tensão gerada impedirá um desempenho ótimo, bem como quando há demora e o tempo ótimo de aquecimento passou.

Continuando, Moreno diz que é possível usar os símbolos acabados, a mitologia coletiva, tais como os contos de fadas, peças folclóricas e comédias primitivas no palco psicodramático com o objetivo de facilitar para as pessoas, pois a produção vem fácil e não requer muita espontaneidade. Cita a classe de pessoas que sofreram doutrinamento na infância por meio de contos de fadas e que na fase adulta são capazes de entrar nesses personagens com mais facilidade do que criar seus próprios. Descreve assim o conto de fada: é composto por símbolos que possuem uma expressão terminal em cada indivíduo adulto que haja vivido naquela cultura da qual é produto aquele conto. Cinderela e Branca de Neve, por exemplo, mobilizam nos atores uma produção rápida e de fácil aquecimento, pois têm melhor referencial com a espontaneidade social ou coletiva do que individual.

A arte do momento, em contraste com a arte da conservação, a desconservação intermitente do ator, o treino da espontaneidade sistemática e consciente, a ampliação da espontaneidade do ator leva ao teatro da espontaneidade, cuja autoria é a própria vida com seus sonhos, problemas, conflitos, fracassos, sucessos... que passam para primeiro plano. Dessa maneira, o teatro se torna terapêutico e da criação.

Tomar o papel, jogar no papel, criar no papel é o trajeto percorrido pelo ator espontâneo. É a ação dos jogos de repetição em espiral. Quando é capaz de criar no papel, já não lhe satisfaz mais a resposta que jogava naquele personagem. Busca, então, um novo meio, retomando o jogo de tomar o papel, jogar no papel e criar no papel...

Percorrido este trajeto até aqui, voltemos ao nome do capítulo:

Carneirinho, Carneirão, neirão, neirão,
Olhai pro céu, olhai pro chão...
Vou pedir a São João, João, João
Para todos se encontrar.

Este versinho do nosso folclore fala de um personagem chamado Carneirinho, Carneirão. Já aqui percebemos a manifestação de uma possibilidade de mudança, pois o mesmo personagem pode estar no diminutivo ou no aumentativo. Em seguida vem o *script* da cena "olhai pro céu, olhai pro chão".

A alternância entre "em cima" e "embaixo" é coerente com o movimento do primeiro verso, sugerindo que o personagem "carneiro" tenha a chance de ser "inho" ou "ão", dependendo da seqüência que jogar. Em seguida anuncia "o diretor", que vai pedir a São João, padroeiro da fogueira das festas juninas, para que todos se encontrem. Conta a tradição religiosa que a mãe de São João, Santa Izabel, vivia longe da prima, a Virgem Maria. Combinaram que quando João nascesse seria feita uma fogueira no alto do morro, anunciando sua chegada. Também contam as escrituras que São João teve sua cabeça decepada na prisão e lançada em uma fogueira. Com base nesses fatos, a fogueira anuncia tanto o nascimento quanto a morte de São João. O jogo da fogueira tanto pode estar ligado ao nascer, aprender, repetir em espiral quanto morrer, paralisar, repetir circular.

Também ensinam os registros canônicos que São João é autor do batismo com água. Batizar é transformar.

Interessante que nesse verso tenha sido usada a figura de São João para o encontro. No verso, São João aparece como o poder capaz de proporcionar o encontro.

Também chama a atenção o personagem protagonista ser um carneiro, uma vez que é dito popular ser sua carne considerada um nobre alimento. "Carneirinho" é sinônimo de passividade, falta de decisão e coragem, já carneirão sugere um personagem mais ativo e decidido.

A escolha desse nome para o capítulo foi feita por ver que, mesmo num verso do folclore de um povo, é possível encontrar essas duas possibilidades do uso do jogo: para crescer ou paralisar.

Vimos neste capítulo como Moreno e Zerka descrevem a importância e o uso dos jogos no trabalho psicodramático. No próximo capítulo continuaremos a nos inteirar a respeito do panorama dos jogos mediante boa parte do que tem na literatura brasileira. Vamos viajar?

# CAPÍTULO 2

OS PSICODRAMATISTAS ESCREVERAM

ou *Sozinha eu não fico*
Nem hei de ficar...

Comecemos por imitar Júlio Verne e sua *Viagem ao centro da terra*: vamos visitar as revistas da Febrap, fazendo um levantamento dos artigos já escritos sobre jogos. Também viajaremos nos *boeings* de alguns livros de jogos de autores psicodramatistas. Senhores passageiros, apertem os cintos e... boa viagem!

Já na primeira revista encontramos: P. Weil (84) com *O psicodrama da esfinge,* famoso no congresso do Masp de 1970. O autor, cuidadosamente, propõe uma técnica por ele criada com a figura da Esfinge (representação de quatro deusas dispostas de maneira a formar o Símbolo da Unidade).

É um teatro espontâneo que parte do aquecimento via Esfinge, desdobrada em suas quatro figuras básicas.

Apesar de o autor chamar sua proposta de "técnica" e não haver nenhuma referência a jogos ou teatro espontâneo, penso que este artigo pode ser considerado a primeira referência nas revistas da Febrap que traz características de jogo. O autor considera sua proposta tão potencialmente forte que a recomenda só para pessoas em terapia.

Vejamos como os jogos vêm sendo definidos pelos escritores da área:

39

Encontrei Rosochansky e outros (70) que definem jogo como sinônimo de dramatização. Também Monteiro (51) diz que "dramatização é o jogo propriamente dito em realização". Bastante interessante este conceito de jogo e coerente com o que escreve Fonseca (29), quando diz que para Moreno o psicodrama nasceu do jogo. Como fenômeno ligado à espontaneidade-criadora, o jogo seria o princípio da autocura e da terapia de grupo.

Naturalmente, o autor está-se referindo ao grupo de jogos ligados à repetição em espiral, isto é, no qual a verdade nova está sempre em construção. Dessa maneira, jogo e dramatização estão fundidos.

Próximos a estes conceitos estão Rodrigues e Pereira (69), quando afirmam que "só o jogo cura, prescindindo de interpretações". Parece-me que as autoras criam nesta afirmação uma generalização que talvez não seja possível. Penso que seria mais prudente considerar o jogo como princípio da autocura, sem excluir outros recursos. Mas continuamos nossa pesquisa e encontramos alguns autores que usam o termo "jogo dramático" como sinônimo de *role playing*. Kaufman (37) chama de jogo psicodramático o *role playing*. No mesmo artigo o autor chama de *role creating*, ou teatro espontâneo, o jogo espontâneo de papéis com um tema determinado. O *role playing* seria "o ensaio", e o *role creating*, a "estréia", segundo o autor. Aqui já encontramos elementos novos no conceito de jogos, além de autocura é também instrumento de aprendizagem, portanto recurso pedagógico. Outros autores concordam com este conceito, tais como: Marchesini e outros (49) também usam o *role playing* como sinônimo de jogos dramáticos. E Politano Jr. (68) analisa que há mais de um *role playing* a serviço do "treinamento" e outro a serviço do desenvolvimento de papel. Vemos apontado neste artigo o uso inadequado do recurso lúdico que reduz a proposta moreniana de jogos para aprendizagem em jogos para adestramento.

Já em Dalka Ferrari (28) encontrei o jogo como uma etapa inicial do trabalho com criança e só posteriormente a proposta de dramatização. A autora separa o jogo da dramatização como dois recursos complementares, e esta é uma abordagem contrária àquela que vimos em Regina Monteiro.

Também encontrei nesta autora (53) a definição de jogo dramático como a técnica de *warning up*, útil para aquecer e vencer resistência. Regina Monteiro aqui apresenta uma definição próxima da de Dalka Ferrari e diferente da anterior, onde dramatização é o jogo propriamente dito.

Concordando com esta definição, Ana Pires (67), em um trabalho com mutilados, estabelece jogo dramático como técnica para vencer resistência e recriar identidade corporal. Se além de vencer resistência "recria identidade corporal", então é autocura? Os elementos conceituais vão reaparecendo num jogo cíclico de ir e vir.

Outro autor que também entende jogo dramático como uma técnica para quebra de resistência é Constantini (20). Já Kaufman (38) diz que o jogo, por ser "mais inofensivo", facilita às pessoas se expressarem sem recorrer a mecanismos de defesa regressivos. Novamente aparece o jogo como instrumento para lidar com defesa, resistência.

Bem, somente por essas citações já podemos ver que não há um consenso sobre o tema.

Até aqui vimos uma amplitude de ação dos jogos que vai desde o princípio da autocura e da cura do grupo até sua "inofensibilidade", que relaxa a defesa.

Dentro desse panorama ainda não podemos formar um conceito de jogo nem clarear completamente os limites do que seja um jogo dramático e outros jogos.

Será que todos os jogos usados por psicodramatistas podem ser chamados de jogos dramáticos?

Vejamos como os autores brasileiros definem o jogo em seus livros dedicados exclusivamente a jogos. Comecemos por **Regina Monteiro** (52), pioneira nesta área: "O jogo é uma atividade que propicia ao indivíduo expressar livremente as criações do seu mundo interno, realizando-as na forma de representação de um papel, pela produção mental de uma fantasia ou por uma determinada atividade corporal".

Nesta conceituação do jogo no psicodrama, destacamos as seguintes características: atividade, expressão, mundo interno, representação de papel, produção de fantasia, atividade corporal.

Quando a autora conceitua jogo como representação de papel, compreendo que esteja falando de *role playing*. Então, será aqui o *role playing* sinônimo de jogo dramático? E a característica de produção de fantasia, expressão do mundo interno, estas não são encontradas em todos os jogos, portanto a autora dá a entender que nem todos os jogos são dramáticos?

Mesmo tendo aprendido com a autora a "pensar jogos", penso que *role playing* não deve ser tomado como sinônimo de jogo dramático de maneira ampla e irrestrita. A primeira distinção que devemos fazer é quanto ao significado de *role playing*.

Comumente, temos usado a parte pelo todo, isto é, chamamos o processo inteiro de desenvolvimento de um papel de *role playing*. A lei da sociodinâmica, proposta por Moreno, anuncia que o homem desenvolve um papel por meio de um processo que inclui três etapas sucessivas: o *role talking*, ou tomada de papel, que é a fase inicial; o *role playing*, ou jogar no papel, que é a fase intermediária do desenvolvimento do papel; e o *role creating*, ou criar no papel, a fase mais madura, mais criativa do indivíduo no papel. O próprio criador da proposta, Moreno, em vários momentos chama o processo de desenvolvimento do papel de *role playing*.

Procurarei, neste livro, usar o termo *role playing* para definir a fase intermediária de desenvolvimento de um papel, e quando usar *role playing* como o processo inteiro usarei entre aspas.

Penso que criamos o hábito de usar o termo "psicodrama", que é o nome de somente uma parte da proposta moreniana como o todo. O todo, que é a socionomia, passou a ser conhecido pelo nome da parte: psicodrama.

Corremos também o risco de estarmos fazendo o mesmo ao chamarmos de jogo dramático todo jogo que ocorrer no contexto dramático. Jogo dramático é somente um tipo de jogo que ocorre no trabalho psicodramático.

Outro conhecido autor, Silva Júnior (77), escreve: "jogos como um recurso pedagógico e terapêutico. Como um recurso adequado que se insere na brecha entre fantasia e realidade internas do indivíduo para possibilitar-se o exercício da passagem realidade/fantasia... livre e espontaneamente".

Os elementos que aparecem em seu conceito são: recursos adequados, inserir, brecha, fantasia, realidade, liberdade espontânea.

Penso como o autor, que os jogos podem ser recursos adequados, e acrescento ricos, desde que o diretor saiba para que, como e por que joga naquele tempo e espaço. Também concordo que o jogo possui elementos da fantasia e da realidade, mas quanto ao jogo como ação que se "insere na brecha" é um tanto diferente da maneira como vejo. Para mim o jogo é ação da realidade suplementar, em que a unidade criativa pode estar presente.

Às vezes o jogo é mimese, às vezes mímicas, às vezes criação, às vezes o jogo é manifestação do movimento "re" — reviver, refazer, renovar etc. E algumas vezes repetir, sem inserir.

E como ficam os jogos, por exemplo, dos bebês que ainda não têm realidade/fantasia? Ou os jogos de repetição comprometidos com manter o jogador conservado, cristalizado? Continuamos com muitas perguntas.

Então é necessário continuar a nossa viagem em busca de mais opiniões sobre o tema para irmos construindo uma teoria de jogos.

Esly Carvalho (16), outra autora psicodramatista, que escreveu um livro sobre jogos, aliás motivada por um trabalho religioso, escreve: "Essas técnicas e métodos têm o propósito de auxiliar os membros do grupo a entrar em contato com seus sentimentos e aceitá-los como válidos... e então descobrir como canalizar aquela emoção de maneira criativa (exemplo: amor, ódio, ciúme, ambição, medo, ressentimento, culpa, inferioridade, reverência, aspiração, inveja, vergonha)".

Apesar do respeito que tenho pelo cristianismo e apesar também de Moreno pregar a revolução criadora e a existência da centelha divina em nós, chamou-me a atenção a maneira como o livro é apresentado. Receio quanto ao uso de jogos dramáticos para "os grupos entrarem em contato com sentimentos e aceitá-los como válidos, canalizando emoção". Talvez esta seja uma simplificação, um tornar a proposta moreniana uma técnica para convencer o homem a aceitar passivamente a vida. O jogo dramático é um dos recursos mais ricos do psicodrama. Este pressupõe "cura pela ação", como já foi apontado neste capítulo. Como escrevi na introdução, o jogo é uma recriação do homem com base no modelo da Natureza, portanto ativo, cíclico, isto é, constrói, destrói, constrói de novo... é a renovação que traz o frescor do novo. Em seguida pesquisei Gisela Castanho (18), que escreveu que alguns autores definem jogos dramáticos como aqueles que acontecem no contexto dramático, no "como se". A autora considera muito amplo este conceito, e, aprofundando sua definição, conclui: "jogo dramático, portanto, difere de outros jogos por acontecer no contexto dramático e, além disso, por envolver os participantes emocionalmente na atividade de expressar as criações de seu mundo 'interno' (o que é criado em sua subjetividade)". Cita uma comunicação oral de Gecila Sampaio em que define: "jogo dramático é aquele que tem dramaticidade".

Nesta definição, temos que jogo dramático possui as seguintes características: o que acontece no contexto dramático, envolvimento, dramaticidade, criação, mundo interno. É necessário, a meu ver, que estas características estejam todas presentes ao mesmo tempo, bem como outras que definirei no Capítulo 5, para ser um jogo dramático. Como clientes e como diretores de psicodrama, já vimos no contexto dramático jogos que não podem ser chamados de dramáticos (exemplo: ande na ponta do pé, corra, pise dessa ou daquela maneira etc.). Onde está a dramaticidade neste jogo que, às vezes, até caricaturalmente define que um trabalho psicodramático está por vir? Definindo dramaticidade como o que age dentro do drama da vida. É o famoso "vamos andar" que denota, a meu ver, um jogo de predisposição para a ação. Muitas vezes este simples jogo anuncia (ou presencia) um rico trabalho psicodramático, mas por si só...

Também podemos ver em uma brincadeira de um grupo de crianças, por exemplo, um jogo dramático sem estarem em um contexto dramático. Jogo dramático não é exclusividade do psicodrama, penso eu. Concordo com Gisela Castanho quando diz que jogo dramático contém uma criação do mundo interno, mas considero que somente esta característica não conceitua este grupo de jogos.

Mesmo assim, não podemos dizer que todos os jogos são uma criação do mundo interno. Como já foi dito, os jogos dos bebês e crianças pequenas são jogos em que o mundo interno está-se configurando, são os jogos de tomada de papel ou *role talking*.

Como já escrevi, os jogos são fenômenos da realidade suplementar, mesmo os jogos de tomada de papel (*role talking*). Quanto mais *role creating* — isto é, criação no papel — o jogo for, mais próximo de ser um jogo dramático ele está.

Ainda temos outros interessantes artigos a estudar. Vejamos um artigo de Salzani (72), em que o autor, trabalhando com *role playing* com crianças da Febem, escreve que, no fim do trabalho, os menores não tinham mais as "fantasias iniciais".

Como o autor não define seus pressupostos teóricos, fico sem instrumento para outras leituras, mas senti certo temor ao ver associados os recursos psicodramáticos de *role playing*, jogo dramático, à idéia de "limpeza de fantasias iniciais" dos menores da Febem. Meu receio é que os menores, já abandonados, tenham ficado duplamente abandonados sem sonhos. Segundo Moreno, o psicodrama nasceu para permitir ao homem viver seus sonhos.

Já Blaia e outros (10), fazendo uso de jogos dramáticos (ou *role playing*) em empresas, considera que "o indivíduo não está trabalhando diretamente seu conflito(...) chegando a acarretar melhor produtividade. O jogo é o movimento de liberdade. Sua origem se encontra na conduta instintiva, mas que só se faz possível quando as coações instrutivas se relaxam, sendo garantida pela segurança social. O jogo propicia o progresso da sociedade". São palavras dos autores.

Quando penso na situação do trabalhador brasileiro, tenho certa dificuldade em compartilhar do entusiasmo dos autores, mesmo reconhecendo que são úteis os jogos e *role playing* em trabalhos de Recursos Humanos.

Sobre isto, Naffah Netto (64) analisa que o *role playing* pode estar a serviço de diferentes posturas ideológicas. "O método do *role playing*: 'interpretação de papéis' transformados posteriormente por uma certa prática ideológica em treinamento de papel com a transformação do *role playing* em *role training*, entretanto, o método passou a realizar exatamente o oposto do que Moreno pretendia (desenvolvimento da espontaneidade, recriação dos papéis). Atualmente, as indústrias (e mesmo as escolas) usam-no como uma forma de exercer um controle de produção sobre os empregados (ou alunos, no caso de educação). O *role training* desenvolve e reforça papéis predeterminados segundo as exigências do sistema industrial (ou educacional)".

Quando o jogo se torna *role training*, não como uma fase do desenvolvimento de um papel, mas como um treinamento de um papel imposto, vemos com tristeza que o mesmo recurso que no início do capítulo foi chamado de "inofensivo", de processo de "autocura", também fica sujeito a ser usado para conservar o homem na passividade sem desenvolvimento da espontaneidade-criadora, sem evolução.

O jogo em si é um instrumento rico em possibilidades. A mão humana que lhe dá direção é que define a ética do seu uso. Ter conhecimento implica responsabilidade no uso do saber.

Quando estamos nos esforçando por fazer ciência é natural que questionemos o que já está pronto, pois é dessa maneira que criamos uma resposta nova a uma questão antiga.

Dentro desse espírito de fazer ciência, acrescento um elemento novo à reflexão: "o conto de fadas". O conto de fadas é um jogo dramático? É um jogo? O psicodrama da Esfinge apresentado no começo deste capítulo pode ser considerado um conto de fadas? O que caracteriza uma história como conto de fadas?

Castanho (18), em artigo já citado, escreve: "O jogo dramático não é apenas aquele que é dramatizado. Não consideramos uma brincadeira infantil de fadas ou de super-heróis como jogo dramático, embora seja jogo, haja dramatização e envolvimento com a fantasia. É preciso haver a dramatização e o compromisso dos jogadores em viverem algo que os comove, que os arrebata, que os envolve num conflito".

Dessa maneira, a autora escreve que não considera brincadeiras de fadas ou super-heróis como possíveis jogos dramáticos. Vejamos outros autores: Ninfa Zamboni (85), em um bonito artigo sobre os contos de fadas no psicodrama, escreve que "o conto de fada é uma história simples, que fala simbolicamente de experiências cruciais da vida, de problemas existenciais básicos. Traz personagens claros e simples através de uma linguagem poética. Rico em fantasia, escape, consolo, recuperação e representação, surgem soluções para o protagonista trazendo esperanças. Reduz a ansiedade da criança, facilitando suas percepções internas, e o 'final feliz' não engana a criança, mas passa a mensagem de que é preciso fazer algo para chegar a ser feliz".

A autora continua a análise afirmando que o conto de fadas "é um jogo que o terapeuta pode usar para se aproximar do mundo interno de seu paciente(...)".

Dessa maneira a autora mostra o que pensa ser um conto de fadas e considera-o um recurso possível de ser usado para trabalhar o conflito de uma pessoa ou grupo. É possível para uma pessoa viver o "Chapeuzinho Vermelho" com a intensidade dramática que lhe traga um clareamento de um conflito pessoal. Já o mesmo personagem Chapeuzinho Vermelho pode ser uma simples representação.

Relembrando Zerka Moreno, quando diz que o conto de fadas dá ao homem um poder mágico que lhe permite se transformar em qualquer coisa. Corroborando essa citação, Moreno diz que o fato de ter usado contos de fadas nos jardins de Viena transformou-se em um dos pilares do teatro terapêutico. Já como psicoterapeuta, Moreno (54) volta a usar os contos de fadas no caso John, um jovem cliente com distúrbio de agressividade que não suportava a presença de sua mãe.

Sobre essa experiência, relata Moreno: "O nível simbólico de príncipes e rainhas, de famílias reais e heróis era aparentemente o nível psicológico em que ele se mostrava mais espontâneo e, portanto, atingi-lo em cheio no ponto em que era acessível a influência".

Assim, John, que havia desenvolvido um distúrbio da agressividade, foi tratado com contos de fadas até que sua própria mãe (antes alvo das agressões) pudesse entrar em cena.

Concordo com os autores que acreditam ser o conto de fadas um rico instrumento lúdico para ser usado nos diferentes trabalhos psicodramáticos. O conto de fadas nos fornece personagens simbólicos que nos facilitam, muitas vezes, trabalhar em nível de realidade suplementar.

Evidentemente que não é pelo simples fato de se contar uma história de fadas que um jogo dramático acontece. Outros quesitos precisam ser preenchidos. O psicodrama da Esfinge, citado no começo do capítulo, pode ser usado como um conto de fadas capaz de aquecer um grupo para uma cena que resulte em um teatro para espontaneidade? Ou um conto mitológico não é igual a um conto de fadas?

Qualquer instrumento de trabalho em psicodrama pode ou não dar certo, pode ou não ser um instrumento para o indivíduo se manter conservado ou conquistar a evolução por meio de uma ação espontânea-criativa.

Kesselman e Pavlovsky (43) escreveram, a respeito do uso dos jogos (por que não do conto de fadas?): "Nós propusemos jogar com os bloqueios antes de interpretar suas motivações". Esta foi a maneira que Moreno tratou John. Usou o conto de fadas, ajudando-o a viver seus bloqueios e devolvendo suas experiências para o fluxo do movimento evolutivo. No final do tratamento, John já podia contracenar com sua mãe. Primeiro nos papéis fantásticos de contos de fadas e posteriormente na vida familiar. O próprio nascimento de Moreno foi por ele transformado em lenda (ou conto de fadas?), cheio de magia e heroísmo.

Castelo de Almeida (19), com seu jeito mineiro e poético, relata da seguinte maneira a lenda do nascimento de Moreno: Num diálogo entre Moreno e sua mãe, esta lhe teria dito: "Você navegava num navio, mas foi meu corpo que te deu à luz".

Descreve assim o autor:

"Nascer no bojo de um navio seria o mesmo que nascer em uma arca ou em uma cesta, seria emergir das águas à semelhança de Moisés. Tanto a arca de Noé como o cesto de Moisés são designados no Velho Testamento por uma mesma e única palavra hebraica: *Tebah*.

Mãe / Mar / Água

Água / Navio / Nave / Barca

Barca / Arca /

Arca / Mãe."

Nascer em um navio sem bandeira é ser "cidadão do mundo", conclui o autor.

Diz a mitologia grega que todo herói tem um nascimento complicado, no qual nem tudo deve ser revelado. Moreno usou este recurso consigo próprio. Deu-se uma verdade subjetiva, num conto de fadas como nascimento. Foi uma criança pobre, com pai caixeiro-viajante, mãe adolescente, necessitando esconder sua origem judia em plena Áustria entre as duas guerras mundiais. Marineau (50) descreve, com propriedade, na biografia que fez sobre Moreno, o aspecto visionário e utópico deste homem. O caráter de realidade suplementar livremente usado por Moreno na representação subjetiva da realidade, sem se preocupar com a demonstração precisa dos fatos. Moreno jogava para poder criar a própria história, entrar e sair da pele de príncipes e bandidos e enfrentar os moinhos de vento sem ser Dom Quixote perdedor. Assim Moreno nos dá o exemplo, com sua própria vida, ao criar o seu conto de fadas e sua mitologia pessoal. Louco ou gênio?

Para mim, gênio, mas com limitações. Penso que alguém capaz de criar uma obra que reúne tantos profissionais como o movimento psicodramático é um protagonista. O criador de uma utopia que tem ressonância e "não cai da moda" merece meu respeito e minha admiração.

Feitos os merecidos elogios, voltemos ao trabalho. Como disse no começo do capítulo, estamos em um *boeing*. Aproveitemos a viagem e vejamos como os psicodramatistas triádicos e os analíticos pensam sobre jogos:

Carmen Vieira (83), em artigo sobre psicodrama analítico, reflete sobre este conceito de jogo, vindo de pressupostos freudianos, e diz que "a repetição transforma-se em representação, e o imaginário em simbólico".

O jogo de repetição aqui descrito é o jogo que está a serviço da construção de uma verdade interna, mesmo que, aparentemente durante um tempo, pareça uma repetição igual. Mas o fato de o jogo de repetição se transformar em representação parece ser garantia que estava ocorrendo um jogo de repetição em espiral. Concomitantemente a este processo, o imaginário se organiza em simbólico: a palavra.

Assim, por meio do jogo uma nova verdade é criada, e pode ser expressa pela ação e palavra dramática.

Outra autora do psicodrama analítico, Anne Aucelin Schützemberger (75), escreve que "o efeito de libertação que ocasiona a ação dramática deixa a emoção que denomina a liberdade de expressão que trazem tendências ignoradas, razões e motivos ocultos, traumatismos antigos, permitindo tornar móvel o que estava encantado, assim torna-se consciência e readquire o poder podendo mudar, crescer(...). O jogo prepara individualmente para a dramatização; pela repetição chega-se à representação".

Assim vêem os jogos estas autoras que estudam e praticam o psicodrama analítico: o jogo prepara a representação, a dramatização.

Kestemberg e Jeammet (44), analisando a técnica do jogo no psicodrama analítico, apontam para a função da ação, solicitada pelo diretor, que gera o exibicionismo e faz do prazer de jogar e de se mostrar um dos motores do processo de cura. Interessante este valor "se mostrar na ação" como elemento de cura. Fonseca, aqui citado, diz que o jogo é o princípio da cura, mas não aponta o como e o porquê. Definido como conceito de "cura", a transformação do indivíduo que lhe permite encontrar respostas e saídas novas para suas questões, também flexibilizando, adaptando (adaptar não é sinônimo de passividade, inércia), criando conseqüências melhores para sua vida. Penso que o mostrar-se em ação pode ser um fator de influência na cura porque é "o espelho do outro que confirma o homem ou não". Isso acontece quando o homem se mostra e é aceito mesmo com suas mazelas.

O conceito de homem proposto pelo psicodrama é o homem relacional. Para este o homem só existe em relação, podendo estar-se relacionando consigo mesmo, com o outro, com a natureza... Existem graus diferentes de saúde em que o homem pode-se relacionar. Este conceito do "homem em relação" é pressuposto básico para os psicodramatistas. Assim, a ação de cura do jogo de exibir-se proposta pelo autor indica um entendimento como "estou sendo visto", portanto existo, estou em relação. Dessa maneira, quebra-se a solidão do indivíduo, e a comunicação estabelecida cria a possibilidade da ação protagônica, em que o "brincante" é representante também do "homem-observador do brincante" (diretor de jogo e cliente do jogo).

Multiplicam-se as forças ao se somarem os homens, dois é mais que um mais um. O total é maior que a soma dos indivíduos.

Às vezes usa-se "um jogo para sair de outro". Só não concordo que o jogo é somente repetição, um tipo de repetição, este com o objetivo de "defender, resistir, revelar ocultando", dando ao jogador o controle da situação (pelo menos a fantasia de estar no controle).

Mesmo no jogo de repetição, nem todos são "correr atrás do próprio rabo" sem sair do lugar. O repetir em um processo de crescimento é uma realidade conhecida e necessária. O jogo de repetição, criado inconscientemente pelo homem como defesa em relação a situações temidas, quando acontece é um movimento sadio. O adoecer se instala quando este mesmo homem fica paralisado por sua própria criação. O jogo criado se torna "dono" do homem criador, paralisando-o em um mesmo movimento.

O jogo de repetir como instrumento de evolução é, como vimos, explorado pelos psicodramatistas.

No próximo capítulo analisaremos os jogos de repetição observados por Freud em seu neto de um ano e meio e posteriormente usado como instrumento de trabalho dos analistas.

Existem diferentes grupos de jogos que são úteis e necessários ao nosso trabalho e ao desenvolvimento do ser humano. Conhecê-los é nos instrumentalizar.

Buchbinder e Matoso (15), em seu livro que descreve o uso de máscaras em teatro espontâneo, dizem que "não se pode conceber o homem sem a máscara". Toda ação humana implica o uso de uma máscara. "Usa-se uma máscara para tirar outra." Máscara implica papel, personagens.

Foi assim, no tratamento de John, onde foram criadas máscaras de príncipes, reis, rainhas... para que esta criança tirasse outras máscaras da agressividade patológica.

Camila Gonçalves (33) afirma que "é através de jogos, brincadeiras e histórias, espontaneamente criados, que as crianças procuram lidar com o mundo que proporcionamos a elas. Tentam assimilá-lo, entendê-lo e transformá-lo".

A autora chama a nossa atenção para a criação espontânea infantil como forma de a criança lidar com o mundo adulto. Brincando, a criança entra em ação, e, assumindo um papel, toma, joga ou cria no papel. É a ação lúdica instrumentalizada no personagem, quase sempre enriquecida pela palavra.

Penso que o lúdico, o brincar, o jogar são ações úteis, terapêuticas, pois, como foi dito anteriormente, "distraem" as defesas e resistências da pessoa, deixando o campo relaxado. Então, o indivíduo aquecido para ação mobiliza dentro de si mesmo a unidade criativa, a espontaneidade-criadora, que, associada ao aprendido e guardado, cria o movimento novo.

Rosa Cukier (22), falando da dramaticidade como fator preponderante do jogo dramático, diz também que este tem como objetivo "permitir a aproximação terapêutica do conflito".

Quando se tem medo, quando parece que se vai perder o controle porque se está diante da possibilidade da revelação da trama do drama, instala-se a dramaticidade — terreno fértil para o jogo dramático acontecer. Nada melhor do que não se estar sozinho, e desta relação fala Aguiar (2): "A origem do psicodrama está na discussão da relação teatro-público".

Quando comecei a reunir material para este livro, pensava que pouco havia sido escrito sobre jogos. Qual o quê! Penso que todos os psicodramatistas que escrevem sobre suas práticas falam do tema de alguma maneira.

Eu poderia apontar muitos outros tópicos interessantes de correlação, mas deixo para o leitor fazer suas próprias correlações. Considero que já podemos sintetizar em duas fontes as influências fundamentais para o conceito de jogos no psicodrama: o teatro e a psicanálise. Trataremos de pesquisar no próximo capítulo estes assuntos. Penso que rastreando estes temas estaremos ampliando ao mesmo tempo que aprofundando nossa pesquisa sobre jogos.

Convido o leitor a um passeio pela história da Humanidade na criação do rito, ritual, mito e tragédia, e após a queda do Império Romano o surgimento do teatro e do templo como os conhecemos, e do folclore.

Também visitaremos Freud e seu conceito de jogo de repetição e sua experiência em observar seu neto brincando (FORT-DA).

Passemos ao terceiro capítulo. Nele visitaremos as duas origens básicas dos jogos na formação do psicodramatista: o teatro e a psicanálise.

Mas, como boa mineira, o aquecimento para o tema será um "causo" daqueles bem...

CAPÍTULO 3

AS BASES DO JOGO NO PSICODRAMA: FUNDAMENTOS DO TEATRO E DA PSICANÁLISE

ou *Se essa rua fosse minha
Eu mandava ladrilhar...*

Meu pai, quando vivo, foi um desses mineiros da gema, que gostam de contar "causos". Havia um que ouvi muitas vezes.

Era assim: "O Tio João tinha uma filha mimosa e já na idade de se casar. Um dia... como era costume do lugar, o primo Juca veio visitar a casa e, antes de qualquer coisa, chamou o tio de lado e pediu a mão de sua filha em casamento. Tio João aceitou e trataram o casório. Mais tarde, chama sua filha e lhe comunica que vai se casar com o primo Juca. A mocinha mimosa começa a chorar e diz que não gosta dele, que quer escolher o noivo. Tio João, muito comovido com as lágrimas da filha querida, lhe diz: 'Não chore, minha filha, você pode se casar com quem quiser, desde que seja com o primo Juca'".

Espero, neste livro, não estar sendo o tio João e vocês "a mocinha mimosa", que pode se casar com quem quiser, desde que seja com o primo Juca.

No capítulo anterior procurei mostrar as diferentes opiniões sobre jogos. Também, aos poucos, vou mostrando como penso e, assim, a "mocinha mimosa se torna coisa de antanho".

Ao refletir sobre os autores psicodramatistas, vejo que existem duas origens básicas nos conceitos de jogos: fundamento no teatro e em Freud.

Neste capítulo, busco explicar os conceitos de jogos vindos dessas duas fontes.

Vejamos sobre a origem do teatro. Comecemos pelo professor Brandão (13) quando cita a *Poética* de Aristóteles: "Tendo nascido originalmente da improvisação (a tragédia e a comédia, aquela por parte dos que entoam o ditirambo...)". Neste fragmento aristotélico o autor mostra a ligação temporal dos fatos que posteriormente deram origem ao teatro.

A palavra tragédia é formada das palavras "bode" mais "canto", originando em latim "tragoedia" e em português tragédia. Esta palavra nasceu da imaginação popular. O povo apelidou de "homens bodes" os adeptos do deus do vinho, Baco. Estes fiéis se disfarçavam de sátiros, na época da vindima, para, com máscaras de "homens bodes", dançarem, cantarem, embriagarem-se até cair desfalecidos.

Há outras versões que contestam esta. Por exemplo, uma que diz ser a tragédia assim denominada porque se sacrificava um bode a Dioniso.[1]

Quanto ao ditirambo, é, segundo Brandão, o "lirismo coral" que nasce de um fundo poético e religioso; entrando o lirismo e a religião para organizar o coro, a poesia e a dança mimada em homenagem aos deuses. O ditirambo vai reunir esses elementos, dando início ao teatro. A etiologia da palavra é, até o momento, desconhecida. Ditirambo é um coro de caráter tumultuoso, em honra principalmente a Baco/Dioniso. É um canto apaixonado, ora entusiasta e alegre, ora melancólico

---

1. Dioniso e Baco nomeiam o mesmo deus da transformação e do êxtase. Este recebe também alguns epítetos, isto é, nomes que o qualificam, Zagreu, Brômio e Iaco. Esta versão vem de uma lenda em que Baco, para fugir, teria se metamorfoseado em bode.

e sombrio, bem de acordo com a natureza do deus do êxtase e do entusiasmo, da seiva vegetal e das visões espetaculares.

De acordo com Aristóteles, citado por Brandão: "a tragédia nasceu da improvisação por parte daqueles que entoavam o ditirambo. É no 'entoar do ditirambo' que se deve buscar a origem da tragédia. A tragédia, pouco a pouco, foi evoluindo; à medida que se desenvolvia, tudo quanto nela se manifestava; até que, passadas muitas transformações, a tragédia se deteve, logo que atingiu a sua forma natural". Portanto, é no entoar do ditirambo que se deve buscar a origem da tragédia. Dos grandes mestres temos as contribuições: Ésquilo elevou de um para dois o número de atores, criou diálogo protagônico e diminuiu o coro. Sófocles criou a cenografia e três atores. Por volta de 534 a.C., o tirano Pisistrato, que era aristocrata culto, moderado e trabalhador, consagrou oficialmente a tragédia, instituindo os concursos trágicos, nos quais eram escolhidos os autores vencedores que teriam suas peças encenadas. Os grandes mestres, portanto, foram: Ésquilo, Eurípides, Sófocles, após a égide do Estado, tendo sido Téspis, poeta de Icário, o primeiro vencedor do concurso dramático em Atenas (12).

Temístio, citado por Brandão (12), escreve sobre o fato: "Acaso a veneranda tragédia se apresentou no teatro (*logo*) com todo aparato cênico, os coros e os atores? Pois não sabemos por Aristóteles que primeiro entoou o coro celebrando os deuses e que depois Téspis inventou o recitativo e o prólogo. Através do iambo nativo, em Atenas, aparecia no começo da representação o autor-ator ou um ator que mediante a palavra falada criava as condições (aquecia o público) para o espetáculo. Quanto mais rico os cânticos e mais aquecido o público, mais a obra dos poetas podia penetrar na mitologia. Ésquilo inventou o triagonista e os tablados, e o restante devemos a Sófocles e a Eurípides".

Assim, Téspis se tornou o primeiro personagem ou protagonista na tragédia, considerado homem inteligente e culto, precursor dos grandes mestres. E mais tarde, no processo de criação do psicodrama, será reconhecido por Moreno como o primeiro protagonista, inspirador do conceito moreniano.

Brandão, ainda explicando Platão, diz que para este "existe uma criação, depois uma recriação e, a anos-luz de distância da matriz original, a reprodução de uma reprodução, a cópia de uma cópia, elaborada pelo artista".

Então, o conhecimento é na verdade um reconhecimento de um conceito contemplado em estado puro. É impossível atingir o conceito puro, visto que partimos de coisas que deixam de ser a todo instante, pois a verdade é relativa. Qual a função, então, do mito na tragédia?

O mito é a matéria-prima da tragédia, visto que é a representação de realidades dolorosas, mas que provocam prazer, deleite, entusiasmo. A arte busca superar a natureza quando esta falha, e novamente Brandão diz que a arte não imita apenas o que é, mas o que deveria ser. Daí o conceito de "catarse", que significa, na linguagem médica grega, "purgação", "purificação".

A tragédia nasce do mito, desse modo "os sentimentos em bruto da realidade passam por um cadinho, por uma filtração, e a tragédia 'purificada' vai provocar no espectador sentimentos compatíveis com a razão". Encontramos aqui a origem do conceito de drama que Moreno evoluirá em psicodrama.

A tragédia, segundo Lesky (48), é como descreve a *Poética*: "Tragédia é a imitação de uma ação importante e completa, de certa extensão; num estilo tornado agradável pelo emprego separado de cada uma de suas formas, segundo as partes; ação apresentada não com a ajuda de uma narrativa, mas por atores, e que, suscitando a compaixão e o terror, tem por efeito obter a purgação dessas emoções".

O professor Lesky diz que para chegar à essência do trágico deve-se partir das palavras que, em 6 de junho de 1924, disse Goethe ao chanceler Von Müller: "Todo o trágico se baseia numa contradição irreconciliável. Tão logo aparece ou se torna possível uma acomodação irreconciliável, desaparece o trágico".

Em seguida, o autor analisa os três quesitos para a tragédia que define como:

— *Considerável altura da queda*: trágico é a queda de um mundo de ilusão de segurança, por isso a tragédia é ligada a acontecimentos de intenso dinamismo.

— *Possibilidade de relação com o nosso próprio mundo*: somente quando nos comove, interessa e afeta é que experimentamos o trágico.

— *Consciência do protagonista*: este, que, partindo de um conflito insolúvel, deve chegar a ter consciência de tudo e tudo sofrer conscientemente. "Onde uma vítima sem vontade é conduzida surda-muda ao matadouro não há impacto trágico."

Dessa maneira, por intermédio da ação trágica, o homem tem a possibilidade de se educar, de dizer a si mesmo o que precisa saber e, algumas vezes, descobre o que nunca soube de si mesmo. Todos esses elementos estão presentes tanto na dramatização em psicodrama como no jogo dramático, que são dois recursos paralelos em minha visão moreniana.

A tragédia não se aprisiona na moral.

Nietzsche, citado por Lesky, diz que "o aburguesamento do sentimento de vida, a atrofia de nossa imitação no racionalismo nos vedou o acesso a uma compreensão imediata e verdadeira do trágico". O autor nos chama a atenção para os perigos da trama quando não revelada no movimento evolutivo, podendo o trágico se tornar um conflito trágico cerrado. Por meio da ação dramática é possível apresentar-se a libertação do terrível ou a condenação ao naufrágio.

Até aqui vimos a origem da tragédia grega nascida do ditirambo e ampliada pelo concurso trágico entre autores, criando os passos evolutivos da tragédia.

Agora vejamos a evolução do teatro segundo Courtney (23). Ele descreve assim a seqüência: após a queda da Roma

Imperial, a Europa reconstruiu suas tradições dramáticas resgatando bases originais — da memória dos ritos e rituais, crenças populares e costumes. Então, a partir do século X, começaram a ser apresentados nos templos uma forma nova de representação dramática, evoluindo para o teatro propriamente dito, com o ciclo dos mistérios, no século XIII ou XIV.

Com a queda do Império Romano, os ritos e rituais pagãos renasceram e se mesclaram, influindo na atividade dramática. Por toda a Europa encontramos atividades semidramáticas, associadas à dança, aos jogos e às atividades sazonais. Guardam semelhança às celebrações dionisíacas. Mas aqui os dançarinos e *mummers,* com sua ação, promoviam as colheitas e representavam a luta eterna: sol/lua, inverno/verão, trevas/luz... O rei-ano morre para que o novo Rei-Ano possa viver — como Osíris e Hórus.

O povo medieval era animista, e os *mummers* vestiam-se com folhas, chifres e peles para cultuarem árvores e animais. Homenageavam e temiam o morto. Pediam sua ajuda na guerra, e para a agricultura faziam oferendas, mas tinham também rituais de expulsão dos mortos: gritando, tocando sinos e varrendo com vassoura os espíritos para fora da casa.

As celebrações do solstício de inverno combinavam o Natal celta, as calendas e as saturnais romanas e o Natal cristão. As calendas relaxavam as regras de conduta e invertiam o *status* social: mestres e escravos trocavam de lugar, um interpretando o papel do outro: festejavam e jogavam dados juntos. Às vezes, um homem real era expulso ou morto. O autor cita os seguintes exemplos: Sião, Rússia Oriental, Togo, Nova Guiné, Índia, Camboja e próximo de nós o rei do império inca, tendo como conseqüência a queda do Império do Sol no Peru.

Os elementos pagãos no cortejo dramático dos *mummers* em peles de animais, máscaras e roupas femininas e o cavalo de pau renascente da vítima sacrificial foram denunciados pela Igreja.

O elemento dramático nos muitos rituais afetam todos os componentes da vida comunal, inclusive os jogos. Os jogos romanos eram supervisionados por sacerdotes e magistrados e os gregos incluíam não apenas competições físicas, como corridas e torneios musicais entre trovadores, além de cenas dramáticas e interlúdios referentes à vida dos deuses. Os jogos no intento de apaziguar o fantasma do falecido deus também pretendiam pedir ajuda para a fertilidade. Tais jogos são universais, das olimpíadas ao Taillteen irlandês.

O teatro como parte inerente dos jogos medievais tinha danças miméticas acompanhadas de peças rústicas, mas teatro. Como exemplo: a espada e São Jorge, no Natal; a corrida de ovos na Páscoa; as peças de Robin Hood, em 1º de maio.

Durante o período medieval a dança dramática se transformou em dança folclórica, isto é, permanece a forma, mas o significado religioso é esquecido.

Os jogos se reproduziam. Jogos rituais e suas representações correspondentes eram ligadas à fertilidade e apaziguamento dos mortos com o objetivo de revigorar o bem-estar da comunidade. Portanto, o teatro na comunidade primitiva tem função sociológica, psicológica e religiosa (mágica). O homem, como caçador, contém uma necessidade específica do teatro.

Hoje, as culturas continuam criando seus jogos, e com eles é possível ter um perfil do povo. O jogo infantil criado pela mídia (robô, videogame...) demonstra o movimento com intuito de dissociar o brincar do falar. Nestes brinquedos a proposta é brincar com uma tela, enquanto os jogos tradicionais — as brincadeiras de "roda", a brincadeira de "pique", "amarelinha" — são associados à palavra e padrões de movimento e interação entre o grupo.

Do jogo dramático medieval podemos passar para as origens e o desenvolvimento do drama e do teatro.

O teatro religioso ou o teatro da Igreja recebeu a partir da Idade Média duas influências pagãs: os rituais gentílicos e os atores ambulantes. A Igreja, diante da expansão das comemorações pagãs, viu-se forçada a conjugar o nascimento de Mitra — um deus-sol — no equinócio de inverno, com o nascimento de Jesus.

Os pagãos recém-convertidos confundiam os motivos das duas comemorações. Natal e Páscoa assistiam, com bastante freqüência, às procissões de dança dentro e ao redor da Igreja medieval.

Os atores ambulantes, descendentes dos reinos pagãos, ainda representavam. Os padres católicos se pronunciavam contra, mas o clero inferior aderia à dança. A tripudia — dança de três passos — era apresentada nos monastérios de Santo Gall. Na festa dos Tolos, os membros do clero se vestiam de mulher, alcoviteiros ou menestréis e usavam máscaras. Essas danças livres e miméticas foram a sólida base sobre a qual o teatro religioso pôde-se desenvolver. Foi com base na própria Igreja que o teatro surgiu tal qual é. Dessa maneira, a missa contém elementos do teatro-diálogo cantado e um tema de ação — mas não a qualidade de personificação. A personificação começa com o *troppo* cantado na noite anterior à Páscoa. (O *troppo* é cântico especial criado para ocasião especial. Era cantado por duas metades do coro, durante a missa, e mais tarde durante as matinais, que são rezas que precedem a alvorada. Depois foi ocupando outros espaços.) Uma vez deslocado do ritual da missa, o *troppo* tomou outras formas, chegando a se tornar pequenas representações com o objetivo de atrair e catequizar pagãos.

As evoluções continuam até 1250, quando o latim cedeu ao vernáculo, o canto à palavra, e a simples passagem a toda seqüência de histórias bíblicas. Os atores transferiam-se do coro para a nave e depois para o exterior da igreja. O êxodo das representações não era uniforme, mas dependia da duração das peças. O entusiasmo do povo pelas representações deu à Igreja outro alento, e as representações ganham um palco novo no adro da igreja. Com isso, as procissões pela cidade adquirem nova vida.

O aparecimento do teatro: embora as representações já estivessem fora da igreja, os participantes ainda pertenciam a ela e os motivos continuavam religiosos. Na vida medieval houve pouca separação entre sagrado e profano. Os ciclos dos mistérios — hoje revividos no interior das igrejas diante de quadros elucidativos dos temas, com o nome de *Via Sacra,* ritual comemorativo da vida de Jesus — foram sucedidos pelo ciclo completo (da criação ao Juízo Final). Já agora sob o controle de organizações comerciais semi-religiosas, recebendo, então, injeções de componentes adicionais.

Em 1311 iniciaram-se as comemorações de Corpus Christi, que consistia na procissão das agremiações que carregavam suas bandeiras, denotando seus ofícios. Nesse momento o movimento deu um passo do estandarte para o palco sobre rodas, surgiram as representações sobre carroças. Somente nas cidades era possível um ciclo completo em razão dos custos. Nas aldeias ocorriam os "jogos dramáticos" (jogos antigos, ligados à tradição greco-romana) e as "mônadas" (cenas cômicas grosseiras e com farsas como enredo, assemelhadas ao mimo romano). O humor e o horror apareciam juntos.

Descreve assim o mesmo autor (23) a evolução do teatro medieval pós-Igreja: "É uma curiosa mistura, pois, baseado no credo cristão, contém elementos de mimo não religioso, assim como danças e costumes pagãos. A sociedade não permitia florescer completamente a tragédia".

Fromm (32) explica: "O homem medieval era um animal corporativista consciente de si mesmo enquanto família-comunidade. Na Atenas do século V, o homem estava no centro do sofrimento: era Dioniso, na mesma medida em que no Egito era Osíris. O homem medieval vivia em sociedade estratificada de tal maneira que a tragédia pertencia apenas a Cristo — o sofrimento divino era maior que o do homem. Para Eurípides, o sofrimento divino era igual ao sofrimento humano, daí os gregos encenarem peças 'sacrificiais'. Já na época medieval, as peças somente refletem o sacrifício, já não são mais peças sacrificiais. Assim, não é necessário morrer; basta representar a morte e o morrer no Sagrado". O teatro tem sua evolução em todas as culturas. No Brasil, a população indígena primitiva possuía tradições dramáticas que se baseavam nas religiões pagãs. Sobre estas se estabeleceram influências vindas de além-mar. Padres portugueses e espanhóis modificaram o ritual dramático para aquele determinado pelo ostracismo, com maior ou menor sucesso. Também é importante apontar em nós a influência negra. As tradições primitivas ainda se mantêm, embora carregadas de influências externas. A cultura brasileira traz estas várias influências nas artes, no folclore, no teatro, na religião, nos jogos etc.

Cada sociedade possui padrões dramáticos inerentes, e estes são passados de geração a geração. Uma educação vital em qualquer sociedade usa estes padrões em seus processos educativos. As tradições populares são transmitidas, hoje, por meio de elementos dramáticos dos jogos e das poesias. Todos os componentes da vida pagã estão simbolizados nos jogos, danças e poesias. Nos versos populares infantis são facilmente observáveis vestígios pagãos, pois o pensamento primitivo e o pensamento da criança guardam grande semelhança. As formas dramáticas em jogos e versos apresentam um apelo direto ao pensamento da criança porque evocam os elementos da natureza humana que são a posição primária entre luz e trevas, vida e morte, magia e onipotência de pensamento, animismo, conexões irracionais e identificação dos opostos. Também os resquícios dos rituais primitivos permanecem com força sobre a criança moderna porque se relacionam com padrões dramáticos inerentes aos seres humanos.

Um exemplo é a história do Rei Sol contada por seu Demostro, aparentemente ilógica, com que iniciei este livro. O leitor que a viu com olhos de adulto poderá não ter se comovido, mas aquele que porventura a leu como criança encontrou ressonância dramática interna. A vida pode ser vista como um jogo que nunca termina, e o sonho, quando deixamos, comanda nosso sentir e perceber. Acredito que a imaginação dramática está por detrás de toda aprendizagem humana, tanto social quanto acadêmica, ficando como o modo pelo qual o homem se relaciona com o mundo, com a vida: a criança dramaticamente em seus jogos, no lúdico externo e manifesto, e o adulto internamente em sua imaginação. *Sem a ação dramática a educação de uma criança não passará de um treinamento para um mero primata superior.*

Ser um primata superior é ter perdido a imaginação, que resulta na perda da imagem, como citei na introdução, e viver no sonho é perder a realidade. A imaginação dramática é a instância por meio da qual podemos usar o aprendido e a espontaneidade-criadora para criar um projeto. Assim, *um projeto é um sonho que tem o pé no chão.*

O homem, como caçador, tem uma necessidade específica do teatro. Pois este homem primitivo, o caçador, foi quem criou os ritos. Ele confiava que sua magia pudesse ajudá-lo a caçar, era uma ação mimética. Viver era uma questão imediata de sobrevivência, e os ritos, criados pelo homem, baseavam-se no medo e na concentração de poder.

O homem, por meio do rito, acreditava assumir a fertilidade dos animais, o poder do trovão e das montanhas, por exemplo. Dançavam, cantavam e cobriam-se com máscara, e quanto mais a máscara possuía o poder de impressionar, mais o grupo acreditava na eficácia do rito. No início, toda tribo fazia parte do rito, mais tarde evoluiu para papéis específicos: os homens dançavam e as mulheres cantavam. Provavelmente surgiu daqui o coro na tragédia, na Grécia antiga.

Novamente Courtney descreve a passagem do homem caçador para agricultor como o momento de criação do ritual, um tipo formalizado e secreto de adoração. Do rito, mimese, evoluiu para ritual, mímica.

A mimese é a imitação de alguém ou algum movimento que necessita da presença do modelo, já a mímica pressupõe uma aprendizagem anterior, já com um modelo internalizado, incluindo na imitação uma certa crítica.

O homem agricultor é muito dependente das estações, seu terror está na colheita arruinada e no inverno rigoroso. Toda atenção está voltada para o medo do inverno (morte), a esperança da primavera (vida), o plantio das sementes (funeral) e a colheita da safra (ressurreição). Do ritual, que é a atualização do rito, surgiu o mito. O ritual como dança-sonho realizado nas diferentes estações era bem simples, mais tarde deslocou o intercâmbio da vida e da morte para os feitos de um rei ou sacerdote, e finalmente um deus. A figura central da representação se tornou um personagem. Com os elementos do templo feitos, ações foram narradas e o mito se desenvolveu. Em vez do espírito da chuva ou da primavera, o homem passou a buscar a história de um ser superior, mas igual a ele, que, por poderes divinos, morreu e ressuscitou. O ritual se formalizou, tornou-se litúrgico e estabeleceu-se uma separação entre celebrante (atores) e congregação (platéia). Quando os sacerdotes se retiraram das cerimônias, então surgiram personificações de deuses e heróis, e destas nasceu a representação.

No templo ficaram os celebrantes, a congregação, o litúrgico e o ritual destinado à atualização de um rito, de um deus, à comemoração do sagrado.

No teatro ficaram os atores, a platéia, o drama e o ritual destinado à atualização de um rito, a relação do homem e o universo.

Basicamente, o conteúdo temático é o mesmo: fora com o velho e adiante com o novo.

Vimos até aqui todo o ciclo da Grécia, após a queda do Império Romano e sua evolução. Mas não pára aqui a evolução da arte dramática: o teatro emergiu do templo em Atenas, a.C., na China e na Europa medieval, com o posterior desenvolvimento do ciclo dos mistérios.

Quando os vínculos entre os rituais e a liturgia se separaram, o teatro tornou-se profano e desenvolveu-se de maneira própria, dando origem a diferentes teatros, de acordo com a cultura e a sociedade. Todos utilizaram elementos do teatro "total" (templo-teatro), representações e identificações, danças, diálogos, máscaras, música, espetáculo, figurino, vestuário, improvisação e estilização. Enquanto acontecia a divisão entre sacerdotes e celebrantes no templo, o teatro a criou entre atores e público. O mito do ritual persistiu no teatro como a base da trama de duas formas:

— Na comédia, como ajustamento comunal.

— Na tragédia, como experiência suprema.

Na tragédia, o mito verdadeiro apresenta suas imagens, seus atores imaginários não com a jocosidade da fantasia, mas com autoridade. Atualiza, revela, eterniza um mundo vivo.

Na comédia, o riso deve ter uma significação social. O riso, segundo Bergson (9), "pressupõe um acordo prévio implícito, quase numa cumplicidade, com outros que, reais ou imaginários, também riem. Não saborearíamos o cômico se nos sentíssemos isolados. O riso exige um eco. O cômico, aproximando-se do seu contrário, teríamos de opô-lo à graça mais que à beleza. O cômico é mais rigidez que fealdade".

Vemos, então, que formas e gestos se tornam risíveis quando estes se fazem simples mecânica, só conseguimos ser imitáveis comicamente quando deixamos de ser nós mesmos. Nossos gestos imitáveis, mecânicos, são estranhos a nossa personalidade viva, estão automatizados. Do mecânico no ser vivo, eis onde a imaginação irradia para direções diferentes.

Para que o mecanismo se instale no ser vivo é preciso um adoecer do lúdico, o repetir circular, isto é, o repetir sem sair do lugar, tornando-se o início da possibilidade de ocorrerem hábitos, costumes, vícios que podem chegar a enrijecer papéis do ser humano. Ainda citando Bergson: "A vida realmente viva não deveria repetir-se". Esta afirmação me remete à reflexão proposta aqui da distinção entre o "repetir circular" e o "repetir em espiral"; além de nos confirmar a influência bergsoniana no psicodrama, Moreno reconhece ter afinidades com o pensamento do autor. O repetir circular é que não deve ocorrer por ser uma porta ao adoecer. Mas o repetir em espiral é uma necessidade do ser humano, como forma de aprendizagem, como aprimoramento do autoconhecimento.

A palavra repetir tem em sua origem o significado de pedir de novo (re + pedir). Repetir em espiral é, portanto, pedir de novo a chance de aprender, de construir uma nova resposta. O repetir circular é o adoecer da possibilidade de transformação, é o parar de pedir "o novo".

Vejamos como Bergson (9), de forma bastante poética, fala-nos sobre o assunto.

A imaginação humana sadia tem uma filosofia bem definida: "em toda forma humana percebe-se o esforço de uma alma que modela a matéria, alma infinitamente flexível, eternamente móvel, subtraída ao peso porque não é a terra que a atrai. Da sua leveza alada, esta alma comunica qualquer coisa ao corpo que a anima: a imaterialidade que assim penetra a matéria é aquilo a que chamamos graça".

Portanto, quando perdemos a graça que nos traz a possibilidade da leveza, nos tornamos mecânicos, rígidos, o que nos faz cômicos. Como já foi dito, a imitação nos faz rir porque ela expressa as partes estranhas ao natural da nossa personalidade viva, logo onde há repetição circular deve haver um mecanismo funcionando por detrás do ser vivo.

Tais mecanismos funcionam como sacos de areia que são colocados na cestinha na qual está preso o balão dirigível. Quanto mais se distancia da terra, menos necessita de peso, portanto, para subir, para conquistar a leveza, é necessário desprender-se do que é mecânico, rígido, escravizante.

A "leveza alada da alma" irradia a nobreza, o prazer, a saúde, o lúdico que é a alegria, tão natural na criança e no homem primitivo e que mantém íntima relação com a espontaneidade-criadora. Segundo Moreno (54), "Deus é a espontaneidade". Daí o mandamento: "Sê espontâneo!".

Neste paradigma moreniano estaria a idéia bergsoniana sobre a necessidade de se conquistar a "leveza alada da alma"? *Só brinca quem é livre* e *só é livre quem brinca.*

O lúdico, o repetir em espiral, o jogo espontâneo-criativo nos solta, nos permite *sermos* seres alados capazes de nos aproximar da leveza própria do Criador, nos tornando nobres, livres, ao mesmo tempo que nos distancia do mecânico, o repetir circular, o jogo que nos prende à terra, nos tornando cômicos, imitáveis, escravos, pois distantes do ser espontâneo-criador.

Vejamos agora as bases do jogo na visão psicanalítica, segundo Freud. É uma pesquisa limitada ao criador, ficando de fora importantes autores desta área, como Winnicott. Segundo Freud, o princípio do prazer está relacionado com a qualidade de excitação presente na mente, mas não vinculada. O desprazer corresponde a um aumento na quantidade de excitação, e o prazer à diminuição. Os impulsos conscientes têm uma certa relação com o prazer e o desprazer, também podendo relacioná-los com condições psicofísicas de estabilidade e instabilidade. O movimento psicofísico quando eleva acima do limiar da consciência é assistido pelo prazer, mas acima de um certo limite se aproxima da estabilidade completa, então ocorre o desprazer. Entre os dois limites há uma certa margem de indiferença estética. O princípio do prazer é característico da mente humana, mas diante das dificuldades do mundo externo este é ineficaz e altamente perigoso. Assim, por influência da autopreservação, o princípio do prazer é substituído pelo princípio de realidade. O prazer e o desprazer, por serem sentimentos conscientes, estão ligados ao ego. A representação transforma a possibilidade de prazer em fonte de desprazer. No pensar freudiano, todo desprazer neurótico é dessa espécie, pois é um que não pode ser sentido como tal.

A maior parte do desprazer que experimentamos é o desprazer perceptivo, tais como susto, medo e ansiedade que não são sinônimos e têm distinção clara com relação ao perigo. A ansiedade é fenômeno de espera do perigo ou de preparar-se para ele. Medo exige um objeto definido para o temor. Susto é o estado em que alguém fica quando entrou em perigo com surpresa, sem estar preparado para tal.

O método de funcionamento empregado pelo aparelho mental em uma de suas primeiras atividades normais são as brincadeiras infantis. Freud chama a atenção para o motivo econômico da criança brincar que contém a produção de prazer.

Em 1919, o autor relata o primeiro sonho que colheu de seu neto de um ano e oito meses, em que havia sido transformado o material onírico em realização de desejo, ao passo que o afeto continuou igual durante o sonho.

O pai da criança sonhante iria no dia seguinte para a guerra. A criança exclamou, durante o sonho, a soluçar: "Papai! Papai! Bebê!". Isto significava que criança e pai continuavam juntos, mas as lágrimas expressavam o adeus, a separação. Fort (*ido*) fora uma das primeiras palavras da criança que, meses antes, brincara de "ido" com seus brinquedos. A criança com seu brincar de Fort-DA aprendeu sobre deixar ir e ir também; isto é, separação.

Com um ano e meio, a criança atirava os brinquedos longe e depois os procurava, mesmo sendo trabalhoso. Enquanto brincava assim, emitia um longo e arrastado *o - o - o - ó*, acompanhado de interesse e satisfação. Sua mãe e Freud concordaram que esta expressão queria dizer *Fort,* palavra alemã que significa ir.

Freud compreendeu que se tratava de um jogo em que o menino usava seus brinquedos para brincar de "ir embora". O menino possuía um carretel com cordão e arremessava-o atrás das cortinas e expressava *o - o - o - ó*. Puxava o cordão e, quando o carretel aparecia, saudava-o com um alegre "da" (ali), completando a brincadeira do Fort-DA, ou do carretel: desaparecimento e retorno.

Pelo lúdico, o pequeno neto de Freud elaborava a separação e o retorno da mãe, no qual se encontrava o verdadeiro protótipo do jogo. No início, sua situação era passiva, dominada pela experiência, mas, ao repeti-la, por mais desagradável que fosse como jogo, assumia papel ativo.

Este caráter compensatório do jogo, em que é possível viver a mudança de posição em um campo mais relaxado, é um dos fatores mais importantes do jogo em sua função terapêutica. É possível observar que a natureza desagradável de uma experiência nem sempre a torna inapropriada para a brincadeira. Às vezes é até um estímulo para criar-se uma brincadeira, ou motivação, para se entrar em personagens ainda não vividos. A criança passa da passividade da experiência para a atividade no jogo, transfere a experiência desagradável para um de seus companheiros de jogo e assim vinga-se num substituto. Não é necessário um instinto imitativo especial para fornecer um motivo para brincadeiras. A representação e a imitação artística dos adultos se dirigem a uma audiência, não poupam os espectadores (como na tragédia, por exemplo) das mais penosas experiências, mas podem ser sentidas por eles como prazerosas.

Para a criança, o brincar, o representar e o imitar têm um caráter diferente do dos adultos. A criança quer ser vista, quer exibir-se aos olhos do adulto, mas quer brincar pelo brincar. O brincar em si já lhe traz o sentido do prazer e da compensação e economia, como foi visto no brincar do Fort-DA descrito por Freud.

As duas vertentes de influência na compreensão das origens e no funcionamento dos jogos no psicodrama são importantes.

O meu caminho pessoal é explorar mais o teatro e nele me basearei para desenvolver o próximo capítulo, mas sem desprezar a contribuição de Freud sobre um tipo de jogo: o da repetição em espiral e sua função na evolução do homem. A repetição é, a meu ver, uma necessidade da criança e do homem no sentido de ir construindo sua verdade interna. Enquanto repete, vai caminhando dentro de si, reconhecendo-se e ampliando limites e, como disse Freud, "passando da posição passiva para a ativa". Este não se detém mais longamente ao tema, por isso acredito que tenha descrito apenas o jogo de repetição.

Existem, segundo minha compreensão, diferentes grupos de jogos com funções e elementos peculiares. Como vimos, os jogos, desde o trajeto do nascimento da tragédia e do teatro, como são hoje, podem estar ligados ao sagrado e ao profano. Quando ligados ao sagrado, fazem o percurso natural da criança e são fontes de alegria e saúde por serem manifestações da espontaneidade-criadora, revelam ações harmônicas com a natureza. Os jogos deste grupo compõem o "psicodrama" que a natureza criou.

Quando ligados ao profano, isto é, distanciados do processo espontâneo-criativo, fazem o percurso da banalização, são fontes de um repetir circular cristalizado, pois comprometido com a ação de conservar, quando o aprendido é transformado em padrões rígidos.

Os jogos deste grupo são aquela criação indesejável da mão humana. Natureza e homem, sagrado e profano caminham na vida humana. Ambos estão disponíveis. A escolha pode ser mais lúcida à medida que compreendemos e damos significado ao lúdico, ao jogo. E quando podemos escolher nos tornamos donos da rua, e assim podemos ladrilhá-la com pedrinhas de brilhante, que são nossos jogos alegres e harmônicos com a natureza de si mesmo e a natureza planetária. Relembrando a introdução, quando escrevi que no lúdico o homem se iguala à natureza, recriando sua ordem natural.

E como me ensinou Perazzo, em momento de supervisão, "o jogo, esta criação na realidade suplementar", nos enriquece como pedrinhas de brilhante que suavizam o caminhar.

Penso que as pessoas que podem brincar são as que amam a vida, que conhecem o prazer, a alegria de estar buscando sempre a harmonia consigo mesma e com a natureza. Essas pessoas lutam com mais coragem. E na busca conseguem identificar a verdadeira pedrinha de brilhante que procuravam, quando a encontram.

No próximo capítulo mostrarei o que considero uma pedrinha de brilhante encontrada. A esta boa idéia batizarei, como a um filho, de "estrela do mar".

CAPÍTULO 4

UMA PROPOSTA DE CONCEITUAÇÃO DE JOGOS

ou *Um pequenino grão de areia...*
Imaginou coisas de amor.

Nós sabemos que os animais e o homem brincam e que esta pode ser uma forma sábia de aprendizagem, de reconhecimento de si e do outro e de evolução. Pesquisas apontadas por Eloísa Bruhs (14) mostram que com base nos mamíferos o brincar se desenvolve com características de prazer e tomam dimensões mais elevadas.

Huizinga (36), em sua obra clássica sobre jogos, afirma que as crianças e animais brincam da mesma maneira. Após todo este trajeto que fizemos até a presente reflexão, já podemos sintetizar que o ser humano é capaz de dois tipos de brincar:

1. O jogar ligado à criação, à espontaneidade-criadora, que tem um trajeto por meio do jogar de repetição em espiral, que é meio de construção de uma verdade interna.

2. O jogar ligado à conservação, à tradição cristalizada, o repetir circular que adoece, pois não está a serviço de uma construção interna de uma nova verdade, transformando o homem em EU-ISSO (o homem passivo, não protagonista na própria vida).

O jogo ligado à espontaneidade-criatividade é uma possibilidade de ação do homem com o ecossistema. A criança, qual alquimista, volta seus olhos para a terra e a toma como seu modelo, se ligando nos movimentos lúdicos das estações do ano, do dia e da noite, do crescer, florescer e frutificar...

Vejamos a história-jogo de um filósofo que um dia, enquanto criança, construiu o seu "Conto de Fada":

"Era uma vez um menino que gostava de brincar de pensar no tamanho do mundo. Quando queria se encontrar com a Terra fechava os olhos e dizia:

— Oi, Terra, bom dia!

Imaginava a Terra sorrindo e lhe dizendo:

— Bom dia, menino! Como você cresceu!

Com o pensamento, ia criando uma história do tamanho do seu momento.

Um dia, outras crianças vieram convidá-lo para andar de bicicleta e o viram falando sozinho.

Disse um menino:

— O que é isso, Fernando? Tá ficando doido? Não tem ninguém aqui.

Fernando, meio sem jeito, explicou:

— Não é nada, não... estou imaginando... Alguém já conversou com a Terra?

— Não seja bobo, isso é coisa de criança!

— Vamos apostar corrida...

— Melhor mesmo é pensar em menina bonita.

Fernando, ainda sem jeito, disse aos amigos para irem andando. E vai para a garagem pegar sua bicicleta. Todos saem rindo.

Fernando vai pensando: "Será que eles não têm imaginação? O mundo tem muitos tamanhos... Se eu viajar num foguete e olhar a Terra, lá embaixo, ela ficará pequenininha; no meu quarto o mundo tem paredes. Quando fecho os olhos e abraço a Terra ela é tão diferente! O mundo é engraçado, as coisas crescem e diminuem; depende do lugar que eu olho. Será que só eu vejo isto? Melhor é ir andar de bicicleta".

Sai pedalando apressado e "esquece" a Terra.

Anos depois, Fernando vai escolher sua profissão. Faz vestibular para Filosofia. Quando vê seu nome na lista nem sabe o que dizer.

Dias depois, cabeça raspada, caderno debaixo do braço e olhos abertos, vai para a universidade. Sai olhando aquele mundo estranho e novo. Chega à biblioteca. Na porta sente um choque: muitas ruas de livros, gente de todo jeito andando em silêncio. Aquela é uma Terra que nunca viu, nem em imaginação. Encosta na parede com medo de que as pessoas vejam sua emoção e, fechando os olhos, pensa no tamanho do mundo.

Quando volta a olhar aquela imensidão desconhecida, diz para si mesmo, abrindo os braços como se pudesse abraçar o que vê: "Saí de casa. Entro no mundo dos homens".

Tenho me perguntado com freqüência: *"De quantos meninos é feito um homem? E de quantos jogos é feito um menino?"*

Moreno disse uma vez que "o eu é posterior aos papéis". Então é necessário um olhar amplo para compreender como o homem se forma. Como o ser humano é múltiplo em um só, decifrar esse caleidoscópio humano se torna um desafio.

Voltemos nossos olhos para a família por ser o lugar onde a criança chega ao mundo.

Criança e família estão diante do primeiro caleidoscópio a ser compreendido e vivido. O grupo familiar já existe e, num processo normal, abre espaço para mais um membro. Mesmo quando desejada, a chegada de uma criança revoluciona o grupo, subverte a ordem, influencia e é influenciado por seu átomo familiar. Mesmo antes do seu nascimento propriamente dito, já "nasceu" ao participar da sociometria do grupo. Sonha-se para a criança do nome à profissão.

Lembram-se da história do primo Juca e a menina mimosa do começo do livro? Não é, infelizmente, um exemplo de "antanho". Muda-se o foco de dominação, mas nem sempre muda-se a dinâmica. Assim, a criança está sempre atuando em um grupo de sua escolha ou da escolha de outrem que lhe é imposto. O modelo básico de transformação grupal é a família, não como ela é na realidade, mas como a criança imagina e internaliza que seja.

Quando a criança chega já encontra um mundo pronto.

Nesta "Arca de Noé", procura encontrar seus pares, formar seus conceitos, desenvolver recursos, reunir uma bagagem sólida para entrar no barco. Já encontra, como na seqüência vista, o ditirambo, os mitos, a tragédia, usados aqui como metáforas, em que necessita encontrar seus personagens. Este grupo já possui toda uma cultura, em que deuses e demônios, códigos do bem e do mal lhe são transmitidos.

Entre tantas possibilidades a criança descobre, diante de si e olhando a natureza, o recurso legado pela Mamãe-Natureza — o lúdico. Assim ela aprende a ser. Primeiro mimetiza-se com o adulto, depois o imita e por fim o recria. Porque, como já foi relembrado em Platão, existe uma criação que é a matriz original e através de anos-luz de distância o homem recria, portanto, não pode criar porque tudo já foi criado, lhe cabendo a recriação. O conhecimento é, na verdade, um reconhecimento mediante uma verdade vislumbrada que a cada momento muda, já que toda verdade é relativa. Completando esta idéia relembro Moreno quando diz que mais que a obra criada é a transformação do Criador. Visto assim podemos dizer que a história é contínua e as cenas se sucedem numa espiral de transformação. A criança e sua infância passam por um momento dessa história, influenciando-a e sendo influenciada por ela.

Então, cada criança, ao brincar, revive os propósitos das divindades e demônios, a idéia abstrata do bem e do mal. Dessa maneira, a criança pode chegar a elaborar todo o sistema que lhe é dado naquela família, criando o novo que é devolvido aos adultos. Estes, então, têm a chance de rever suas verdades que, de eternas e cristalizadas, podem-se tornar relativas e dinâmicas. O adulto, em contato com a criança, tem a chance de conhecer-reconhecer a criança em si, podendo retransformar aqueles jogos que, no caminho da rigidez, repetiam sem mudar. Estes homens haviam-se afastado do drama e se aproximado do cômico. O adulto pode redescobrir o lúdico ao conviver com a criança. O lúdico é alegre, portanto contém o riso, o cômico. Já o cômico não contém necessariamente o compromisso com a alegria.

O jogar em diferentes situações contribui para a criança ter um desenvolvimento sadio. Brincando, elabora, por exemplo, sua angústia da divisão, de estar separada e de pertencer a um grupo. É o princípio da socialização na criança, o poder sair e voltar, a elaboração da separação. O princípio do prazer se transformando em princípio da realidade pelos jogos de repetição em espiral, portanto, sadios (ex.: o jogo do Fort-DA observado por Freud em seu neto).

A busca de seu lugar e de sua importância na família, sua entrada no mundo, leva a criança a desenvolver ritos, rituais, mitos e tragédias para lidar com o desconhecido, que a atrai e a assusta. Por necessidade, a criança acorda o movimento lúdico em si para, jogando, nascerem os papéis.

Os papéis se desenvolvem na criança por intermédio das etapas da lei da sociodinâmica proposta por Moreno (tomada de papel, jogar no papel e criar no papel). A cada etapa do desenvolvimento de um papel corresponde um tipo de jogo, todos necessários ao evoluir saudável.

Por jogar com graça e leveza, o brincar da criança é sério e comprometido, portanto alegre-sadio, sendo, a meu ver, o lúdico e a alegria parte de uma ação séria, responsável e comprometida com a ordem harmônica da natureza — o saber cósmico, a ordem universal, que na criança e no primitivo aparecem intimamente ligados. Como já foi dito, o rito é o antigo jogo nascido da ação do homem caçador que constava, por exemplo, do se vestir com a pele de um animal para, ficando igual, perder o medo e poder caçá-lo. O rito é na criança a luta POR, a tomada de um papel, o *role talking* descrito pelo jogo de perceber e de iniciar o enfrentamento do desconhecido. O sair do lugar passivo para começar a carreira de jogador ativo. O ser ativo, que um dia o levará ao lugar de Téspis, o primeiro protagonista na tragédia grega. Téspis, o primeiro que se destacou do coro, do lugar-comum, e criando um jogo novo abriu para si e para os outros a possibilidade de diálogo com o coro. Na vida da criança é o conquistar papéis no grupo familiar por meio dos quais irá estabelecer, um dia, diálogo.

Na tarefa moreniana de construir o *locus* original do teatro é o momento do Teatro do Conflito ou Teatro Crítico, quando platéia e ator se reconhecem.

Concomitantemente a este processo, a criança vai desenvolvendo sua sociometria nos átomos familiar e social. Nascem, então, os grupos para cada um.

Um grupo é formado quando vários indivíduos encontram símbolos comuns, identificações entre si dos elementos deste modelo inconsciente. Um agrupamento de pessoas passa a ser grupo quando cria um projeto comum: defender valores, enfrentar inimigos e dificuldades, buscar solução para enigmas existenciais. Quanto mais substrato comum o grupo tiver, maior a possibilidade de coesão e de criação de um projeto.

Na evolução da Humanidade, é o momento em que os rituais se desenvolvem. Os rituais são possibilidades de os homens se harmonizarem em um objetivo comum. Já podem imitar, isto é, jogar no papel distanciando-se do modelo original, mas ainda necessitando deste. No ritual, o homem representa algo que foi internalizado — representação DE. O ritual atualiza o rito, não permite que este se cristalize, se enrijeça.

No processo da criança, esta, já menos mimetizada, é também capaz de imitar o modelo. É a representação DE algo. É o *role playing*, fase intermediária na lei da sociodinâmica. A criança passa da luta POR algo para a representação DE.

Assim, as escolhas se tornam mais conscientes na tarefa de se construir o *locus* original do teatro; é o momento do Teatro da Espontaneidade ou Teatro Imediato, em que os personagens começam a ser criados baseados no ator.

Quanto aos grupos, existem complicados modelos de atração, repulsão e neutralidade e, diante desta rede sociométrica, podemos afirmar que os grupos possuem grandes reservas de emoção e sentimento.

Com estas três possibilidades de escolha a criança se vê atraída, escolhendo um modelo, iniciando dentro de si a figura do herói que um dia poderá se tornar mito. Concomitantemente, também escolhe de maneira negativa seus modelos, seus anti-heróis, a repulsão. E, finalmente, a terceira possibilidade: uma faixa intermediária entre o prazer e o desprazer, em que coloca as pessoas neutras.

As três possíveis posições de escolha são fontes e reserva de emoção e sentimento.

Em um grupo a criança descobre também que ela escolhe e é escolhida, que esta escolha nem sempre é de acordo com seus desejos. Experimenta a frustração de não comandar todo o tempo o seu mundo. Às vezes, se vê grande como uma estrela, às vezes, pequena como um grão de areia. Essa dor da frustração de nem sempre ser o centro, de precisar buscar seus pares, de aprender a dividir para somar e crescer faz a criança criar novos jogos. No jogo ela se permite vencer, mudar o *script* da cena, recriar sua realidade e, dessa maneira, descobrir ou recriar novos recursos em si.

A tragédia é o momento da comemoração do mito. No mito há a transformação DE algo. O homem transforma o desconhecido em mito.

Para a criança é a fase do *role creating,* que é a terceira fase da lei da sociodinâmica. A criança promove a transformação DE, muda o modelo, devolve aos pais uma resposta capaz de transformá-los. Experimenta o ser ativa, livre, recriar, mudar o *script,* produzir no meio algo novo, transformando-o. É o caminho da sua alquimia.

O jogo entra, então, com a função e ação compensatória, em que a criança procura dominar o seu meio e resolver suas questões. No jogo, é possível viver quase tudo. Criam-se personagens, compensam-se limitações, resolvem-se impasses e resgata-se o equilíbrio da natureza de si mesmo e do ambiente.

Na origem da evolução encontramos o homem agricultor, os pastores nômades, numa civilização mais estável, conduzindo o desenvolvimento físico e religioso da espécie.

Na evolução da religião está o momento em que as expressões sociais são manifestadas nas representações comunais, dentro do contexto intelectual do mito ritual, relembrando o momento da divisão em que surgiram os santuários ou templos e o teatro propriamente dito. A criação de um estilo de ritual transformou-se em liturgia. Tendo-se desenvolvido os vínculos entre esses rituais e liturgias, o teatro se tornou profano. O que antes era "templo-teatro" tornou-se duas entidades distintas: o templo e o teatro. No templo houve a divisão em sacerdotes e celebrantes e no teatro entre atores e público. O mito no ritual permaneceu distinto em ambos, como já vimos no capítulo anterior.

No teatro o mito no ritual é a base para a trama que aparece como comédia, que é o ajustamento comunal, e na tragédia, como experiência suprema.

Huizinga (36) diz que o poder de fascinação e a intensidade do jogo não podem ser explicados por análises biológicas. É no fascínio, na intensidade, na capacidade de excitar que reside a essência e a característica primordial do jogo, há algo obscuro, semi-escondido, que instiga, desperta. O jogo, encerrando um sentido na ação, implica um elemento não material em sua essência. Reconhecer o jogo é reconhecer o espírito, segundo o autor. O jogo é o que significa para o jogador, para nós o importante é a forma significante, a função social do jogo. O jogo baseia-se na manifestação de certas imagens, na imaginação da realidade, isto é, transforma a realidade em imagens. *O jogo cria a realidade suplementar, e é criado nela possibilitando ao jogador viver a imaginação da realidade.*

Qual o valor e o significado das imagens e da imaginação para o ser humano?

Toda linguagem contém metáforas e toda metáfora é um jogo de palavras. Assim, ao lado da natureza o homem cria um outro mundo ao dar expressão à vida; ao nomear o mundo, ilumina um mundo poético.

Como já vimos, o mito é uma transformação pela "imaginação" do mundo extra-humano, mas já denota um processo mais elaborado e complexo que na linguagem, que é a nomeação do mundo.

No mito está a raiz do tragicômico, em que aparece um espírito fantasioso, que joga ao extremo limite brincadeira e seriedade, pelas peripécias maravilhosas do herói mítico.

No fenômeno do culto, nas sociedades primitivas, as celebrações são dentro do espírito de puro jogo. Pelos ritos sagrados os antigos comemoravam seus sacrifícios, consagrações e mistérios. Para o primitivo e para a criança todo saber é um saber sagrado. Isto porque é diretamente ligado à ordem da natureza e porque é vivido dentro desse espírito de puro jogo — o lúdico, ligado à liberdade, ao cósmico, à alegria.

Aprender sobre o mundo é acionar em si esta memória ancestral, é recriar o já criado, nos permitindo abraçar a Terra, como o Fernando da história, ou "enganar" o tigre, como o homem primitivo. Ambos jogam para aprender. Podemos dizer que o jogo é uma forma estética, organizada e livre de participação dos seres na aprendizagem da vida.

Koudela (46) reflete que aprender por meio da experiência significa o estabelecimento de relacionamento entre antes e depois, entre o que fizemos com as coisas e o que sofremos como conseqüência. Nestas condições, fazer torna-se experimentar — jogar. E o fenômeno do jogo acompanha todas estas etapas desde a criação do universo, porque não existe nada mais sério, comprometido e exemplo de ordem do que o jogo. Ordem, aqui, está sendo usada metaforicamente como a "sociometria" ideal do universo.

Os homens aprendem a lidar com esta ordem universal e com a ordem social jogando entre si e com a natureza. E vão, neste processo, desenvolvendo sua própria rede sociométrica.

Nascem os mitos que são formas antropomórficas criadas pelo homem para lidar com o desconhecido, com os segredos e mistérios da natureza. Exemplo: o Sol é um Rei, portanto um homem, no pensamento mítico do ser humano.

Vimos, até aqui, como o jogo está intrinsecamente ligado à aquisição de conhecimento, à aprendizagem. Para a criança e para o homem primitivo, as proezas físicas são fontes de poder, mas o conhecimento é fonte de poder mágico. Para a criança e o primitivo, todo saber é um saber sagrado, é manifestação do conhecimento diretamente ligado à ordem do universo. O lúdico é o que está mais próximo do espontâneo. O conhecimento adquirido pelo experimentar, que é o modelo da criança, é portanto mais forte e transformador por ser mais espontâneo-criativo.

Na análise da evolução do ritual mágico e dos mitos para a arte dramática na Grécia, feita por Courtney, há um elemento importante a que chama de redução de ação, ou economia. Este conceito refere-se à seqüência desenvolvida na evolução da Humanidade: primeiro o homem mata seu semelhante para, por exemplo, homenagear um deus. Em seguida transfere esta homenagem para a morte de um animal e finalmente encena um ritual com morte simbólica, sem que haja derramamento de sangue.

A criança repete esse processo, por exemplo, no nascimento de um irmão. Primeiro "belisca e morde" o irmão, depois transfere para um amiguinho ou brinquedo sua reação de ciúme e por fim expressa verbalmente seus sentimentos e necessidades.

Essa redução de ação na tragédia e na atividade lúdica que tanto aparece nas crianças é o "como se" participando do processo evolutivo da espécie. Como vimos, o antigo sacrifício humano é substituído pelo sacrifício animal, e este, deslocado do interesse do ato do sacrifício para a sua vítima. O rito, ritual, mito, tragédia combinaram-se como forma lúdica de solução de enigmas na fusão da dança, música, atuação e linguagem poética. Neste processo de síntese da tragédia, com o objetivo principal de representar "sentimento, paixão e ação", o envolvimento do homem é inteiro — é a ação dramática na história da espécie.

Na tragédia, que proponho corresponder a uma fase mais evoluída do *role creating,* há a transformação DO e DE. O homem encarna o mito do herói, por exemplo, e se transforma mudando também o mito. Completa-se o ciclo de aprendizagem, quando a ação inicial é realizada e transformada por sua conseqüência. Em todas as formas, portanto, em todos os jogos, ocorre a retroalimentação, isto é, jogo que transforma o jogador, que muda o jogo. Aqui destaco o ápice de uma aprendizagem.

Relembrando Moreno: "Toda verdadeira segunda vez liberta a primeira", porque o ator da revivência adquire o olhar do criador. Olhar com olhos do criador é poder encontrar saída, resposta nova para questões antigas é poder proferir a palavra do Criador — O VERBO.*

---

* O verbo é a palavra dramática — termo usado pela primeira vez no psicodrama por Falivene Alves, em artigo ainda não publicado sobre "As Funções da Ação e da Palavra no Psicodrama".

Na tragédia é possível ocorrer a síntese dos passos evolutivos do templo-teatro, em que rito (luta POR), ritual (representação DE) e mito (transformação DE) se completam no ator. Este, transportado pelos diversos níveis do palco, chega ao palco do Criador fundindo-se com este (transformação DE e DO). O ator transforma o Criador ao se transformar também. Homem e Deus igualam-se, recriando-se.

Na tarefa de construir o *locus* original do teatro moreniano é o momento do Teatro do Criador.

Mas onde estão os jogos em todo este processo? Os jogos são iguais? Vimos que não podemos desconsiderar todo este processo de definição que buscamos pela história. Se as etapas não são iguais, se há uma seqüência evolutiva, então os jogos não são iguais, não podem ser chamados "iguais". Definir, portanto, todos os jogos que acontecem no contexto dramático de "jogo dramático" é reducionismo e negação do próprio processo evolutivo do psicodrama. A cena de criação é única, mas as representações são diversas.

E no processo infantil, como se dá?

As diferentes formas de jogo se completam, ampliando perspectivas e possibilitando à criança desenvolver-se de forma econômica.

Proponho que os jogos sejam reunidos nestes grupos:

Jogos de Percepção

— O homem separa o eu do tu e reconhece os limites dessa separação; é o homem pré-rito e rito, o que percebeu a

---

O termo "palavra-VERBO" foi usado por mim pela primeira vez no psicodrama em artigo, ainda não publicado, com reflexões a respeito do livro de J. L. Moreno: *As palavras do pai.*

Estes artigos foram apresentados originalmente no grupo de estudos mensal dos professores e monitores no IPPGC — Instituto de Psicodrama e Psicoterapia de Grupo de Campinas.

fome, a sede, o próprio corpo e o que o ameaça e o atrai. Corresponde, na criança, ao início do reconhecimento do eu e do tu; algumas pessoas atraem, outras assustam. São os movimentos do bebê que descobre partes do corpo, o brincar de sumir e aparecer, os sons que se repetem, os jogos simples de testar a si e aos outros. Semelhante ao homem primitivo, que se viu diferente do tigre que queria caçar. Podemos chamá-los de *Jogos de Percepção*. No contexto psicodramático, os jogos de percepção são, por exemplo, os de reconhecimento do ambiente, do grupo, da pessoa dentro de uma realidade nova.

Na história do início deste capítulo é quando Fernando "vê a Terra".

É a primeira busca de solução pelo lúdico, o rito: o mimetismo com o outro, fundir/identificar/fundir/identificar.

Na evolução do teatro é quando o templo-teatro se confrontam, o sagrado e o profano já não se harmonizam, é preciso reconhecer por meio da luta POR (rito).

— A criança toma um papel que escolhe ou lhe é imposto via aprovação por reproduzir um comportamento de um modelo. Faz este processo pelos jogos imitativos, como o homem primitivo punha a pele do tigre para virar tigre e ter a coragem de caçá-lo. É o rito/ritual, ou fase do *role talking/role playing*. O folclore, as cantigas, a imitação, os ritos dos costumes sociais demonstram este grupo de jogos. Também o brincar de gente grande, o imitar o "au-au", é quando Fernando fecha os olhos e "abraça" a Terra.

Jogos de Iniciação

— Os *Jogos de Iniciação* são nossas tentativas de começar comportamentos novos. No trabalho psicodramático são, por exemplo, os que nos levam a identificar o tema ou projeto do grupo. Prefiro não chamá-los de jogos de aquecimento porque todos os jogos têm aquecimento próprio e também para não confundir com a fase de aquecimento de um trabalho psicodramático. Durante esta fase, diferentes jogos podem ser usados.

O homem se reconhece ao representar, atualiza seus ritos, corresponde na fase evolutiva do psicodrama ao momento em que Moreno cria o teatro da espontaneidade ou teatro imediato; quando oferece um trono vermelho no palco e convida a platéia a brincar de Rei, no seu primeiro psicodrama público, em Viena.

— A criança brinca com seus personagens, constrói casinha, reproduz o mundo do adulto. É o ritual/mito, o jogo do improviso, o *role playing/role creating*. São jogos cooperativos e competitivos que possibilitam o início da criação, de uma redução de ação ou economia. São os jogos em que os sentimentos primários, reprimidos pela "civilização", podem acontecer. Tanto a criança como o homem primitivo são capazes de rituais, de mímica e caricaturas que pressupõem modelos internalizados.

Jogos de Improviso

— Do ritual nasce o mito que podemos chamar de *Jogos de Improviso*. Na ação psicodramática, os jogos de improviso são, por exemplo, alguns teatros espontâneos, ou alguns jornais vivos. Às vezes são interrompidos. Às vezes nascem somente para testar limites, sem rompê-los. Às vezes são transformados em associações pela famosa pergunta: "O que isto tem a ver com a sua vida?". É como o nosso Fernando desistindo, temporariamente, do seu projeto, porque sentiu medo dos seus pensamentos e da distância que se formava entre ele e os meninos e "resolve" ir andar de bicicleta.

Na fase evolutiva do templo-teatro é quando o teatro, já com identidade própria, separa tragédia e comédia. Ou no processo de construção do *locus* do teatro no psicodrama Moreno cria o Teatro Terapêutico ou Teatro Recíproco.

— A criança surpreende os adultos com seu faz-de-conta, compensa no lúdico suas limitações no social, cria, amplia e modifica limites e conceitos. Cria no papel e o papel. Neste processo de aprendizagem essencial há apresentação de um modelo, simbólico ou real, a que o observador ou platéia se iguala — o homem se supera ao ser espontâneo-criativo. É quando, na história, o homem encarna o mito dentro da tragédia para, desenvolvendo um enigma, buscar a solução dramática para suas questões.

Jogos Dramáticos

— Compreendo como solução dramática a ação compensatória e inovadora de uma questão. Este grupo contém suas próprias satisfações, prescindindo de gratificações ou outras ações complementares. São os que proponho chamarmos de *Jogos Dramáticos*. No contexto psicodramático, os jogos dramáticos são, por exemplo, os teatros espontâneos e alguns jornais vivos que encerram em si uma resolução dramática do tema. Ou a ação lúdica que pressupõe personagens simbólicos: jogo este com objetivo de caminhar em direção a uma meta — a fonte da criação, a ação espontânea-criativa.

Para que ocorra um jogo dramático, pressupõe-se que a criança ou indivíduo já tenha armazenado aprendizagens que atuarão polarizadoras da espontaneidade-criadora. Fernando cresce e ao entrar na biblioteca tem um *insight*: "Saí de casa e entro no mundo dos homens". Abre os braços e quer abraçar o símbolo da Terra dos homens. Para citar a nossa história do início do capítulo.

Proponho sintetizar didaticamente esta proposta de estudo dos jogos da maneira a seguir:

1º Universo	Passagem do 1º para o 2º universo	2º Universo	2º Universo
Homem caçador	Homem caçador e agricultor	Homem olha além da terra, olha o céu. Sol = rei; Lua = rainha	Homem entra no papel do Criador, transporta-se encarnando o mito
Criança pequena	Criança já com início de simbolização	Criança simbolizada	Já a criança encarna o herói
Pré-Rito/Rito	Rito/Ritual	Ritual/Mito	Mito/Tragédia
Role Taking	Role Playing	Role Creating	Role Creating
Luta POR	Representação DE	Transformação DE	Transformação DE e DO
Teatro do Conflito: relação ator/platéia	Teatro da Espontaneidade: improvisar papéis	Teatro terapêutico: homem reconhece a trama do drama. Cria mito	Teatro do Criador: profere a palavra-ação: a palavra-dramática o VERBO
↓ Jogo de Percepção	↓ Jogo de Percepção	↓ Jogo de Improviso	↓ Jogo Dramático

Acredito que somente os homens são capazes de jogos dramáticos. São os jogos em que o homem vive a tragédia, encarna o criador, que contêm a seqüência rito, ritual, mito e tragédia, para com este recurso transformar-se e transformar o universo — o Criador.

Na tragédia grega corresponde ao momento em que Téspis, ganhador do primeiro concurso, cria para si e para o outro que virá para um espaço novo — o personagem ou protagonista.

Na profanização do teatro, o homem separou seu lugar do lugar divino. Deu a este a exclusividade do sacrifício ou a possibilidade protagônica (por exemplo: somente Cristo poderia viver o calvário; ao homem, somente a ação coadjuvante). Religa, como nas origens do templo-teatro na Grécia: quando o homem, ao encarnar o personagem ou protagonista, sobe ao Olimpus, palco da Criação.

Dioniso, o deus da tragédia, único que acreditava-se poder ser encarnado pelos fiéis, devolve ao homem a dimensão protagônica — o homem-deus.

No trajeto de construir o *locus* do teatro no psicodrama corresponde ao momento que Moreno cria o Teatro do Criador: Criaturgia.

Aqui, o ator, subindo ao nível do palco do mito, se iguala a este proferindo a palavra-ação ou palavra-dramática — o VERBO. O ator-criador transforma a platéia e se transforma.

No jogo dramático o lúdico é a base em que acontece a revolução criadora, diferindo da dramatização cuja base é o drama-indivíduo na mesma Revolução Criadora. Ambos possuem dramaticidade, mas se manifestam de maneiras originais. Como já escrevi, compreendo dramaticidade como o que age dentro do drama da vida.

A dramatização é o cerne do psicodrama criado por Moreno. O jogo é o cerne do "psicodrama" criado pela mamãe-natureza.

Uma dramatização pressupõe personagens, cena, uma trama a ser revelada, uma verdade nova a ser conquistada exatamente como o jogo dramático. O que, a meu ver, especifica uma dramatização e um jogo dramático é que: *na dramatização os personagens são criação da subjetividade histórica do ator e no jogo dramático os personagens são criação da subjetividade coletiva no ator.*

Algumas vezes, é difícil para mim processar uma prática, definir se houve dramatização ou jogo dramático. Não creio que tenha aqui esgotado o tema, mas penso ser importante continuar esta reflexão. Às vezes vejo uma tendência a dizer que tudo é jogo. Ora, se tudo é jogo, nosso esforço de fazer teoria se torna desnecessário. Ou, dizer que tudo o que acontece no contexto dramático é dramatização, também nos deixa de mãos atadas. Penso que nem todo jogo é jogo dramático, bem como nem toda ação que acontece no palco é dramatização. Jogo dramático e dramatização são dois recursos importantes a nosso alcance e que sutilmente, com atenção e cuidado, iremos clareando em nós e para nós.

Ambos pressupõem uma ação no palco do Criador e ambos necessitam de ações preparatórias: o jogo dramático é precedido, por exemplo, de outros jogos que preparam o terreno, numa seqüência de jogos de repetição em espiral, necessários e ricos para a criação das condições necessárias ao jogo dramático.

A dramatização é precedida de jogos que preparam o terreno ou dramatizações intermediárias que criam diagnósticos, reconhecem limites, possibilitam revisão de repertório, até que a dramatização ocorra. Quando uma dramatização ou um jogo dramático ocorre, há a transformação do protagonista ou do ator-brincante, pois toda verdadeira a segunda vez liberta a primeira, quando o homem adquire o olhar do Criador — re-significando a cena, portanto transforma também o mito.

Quando se dramatiza ou se joga, sem conseqüências transformadoras (exemplo: já entendi tudo, mas não consigo mudar), é porque só conseguimos ações preparatórias de uma verdade nova. Foram jogos de repetição em espiral necessários à construção de uma verdade interna, mas não poderosos na criação da transformação que redimensiona, re-significando a vida e o homem — criando a liberdade efetiva. Ao viver o jogo dramático o homem muda, criando respostas novas a questões antigas.

Segundo Bally (7), "o jogo é o movimento de liberdade. Guiados pelo jogo descobriremos o limite da liberdade e o que nos ameaça, procuraremos finalmente esboçar a imagem da liberdade constante".

O ator espontâneo, seja via jogo ou via dramatização, poderá chegar ao palco do Criador reescrevendo o *script* de sua cena. Neste palco só há espaço para o templo-teatro, onde sagrado e profano se unem na Criação: é o homem vivendo a dimensão do Criador, que "esboça em si a imagem da liberdade constante".

E o pequenino grão de areia, nome deste capítulo, que viu a estrela e imaginou coisas de amor, transformou-se e me transformou, nascendo "a estrela do mar".

Um pequenino grão de areia,
Que era um pobre sonhador
Olhando o céu viu uma estrela
Imaginou coisas de amor...
. . . .
...Apareceu a estrela do mar

(autores: Marino Pinto e Paulo Solidade)

CAPÍTULO 5

OS GRUPOS DOS JOGOS: PERCEPÇÃO, INICIAÇÃO, IMPROVISO E DRAMÁTICO

> ou *Põe aqui o seu pezinho*
> *Bem juntinho com o meu...*

Estamos chegando ao fim do livro. É o momento de mostrar na prática "a estrela do mar". Vejamos como está organizada:

I – *Jogos de Percepção* — São jogos de luta POR, refletem o momento em que ator e platéia se olham, também o momento em que a criança pequena inicia a seqüência *eu e o outro/role talking*. Quando o homem caçador cria o rito. No teatro do conflito, ator e platéia se reconhecem e trava-se o confronto.

Exemplo de jogos deste grupo: "Jogos de exploração do ambiente": longe, perto, grande, pequeno... Seja no trabalho individual, bipessoal, seja no trabalho com grupos.

Exemplo 1: "Criar seu tipo de solo imaginário": frio, quente, com pregos, com areia quente, com grama macia, descalço, com salto alto etc.

O diretor, observando o grupo ou o cliente, vai dando as consignas que considera úteis ao momento.

Às vezes, é bom retirar a palavra nesta fase (é um artifício que mobiliza a vontade de falar com o outro, aquece pelo desejo de viver o proibido).

Exemplo 2: "Sem sair do lugar e sem falar, olhar o ambiente por alguns minutos". Em seguida fechar os olhos e descrever, por exemplo, quem ou o que está a sua direita.

O diretor, prestando atenção ao cliente ou grupo, vai ajustando as consignas ao momento.

Exemplo 3: "Distribuir diferentes sabores de balas, além de papel, giz de cera ou lápis de cor".

Cada um deverá experimentar sua bala por um tempo antes de expressar no papel o sabor que está sentindo.

Exemplo 4: "Caixa de coisinhas". O cliente ou grupo poderá revirar a caixa com coisinhas procurando um(ns) objeto(s) que atraia(m) sua atenção.

O diretor poderá usar este jogo para, por exemplo, as pessoas se apresentarem via objeto.

Exemplo 5: "Caixa de apresentação". O grupo deverá colocar, escondido, numa caixa, objetos pessoais que não contenham nomes. Os objetos são misturados e cada um escolherá um ou mais objetos que o atraia. Em seguida procurarão os donos para conversarem.

O diretor poderá usar este jogo ou sua variação para, por exemplo, um grupo que não se conhece ou grupo que necessita se reconhecer.

Exemplo 6: "Falta pedaço". O grupo ou cliente deverá ir vivendo a percepção de faltar partes. Tampar o nariz e segurar a respiração até não agüentar mais. Soltar o ar de uma vez com ruído; tampar os ouvidos e tentar ouvir música ou som feito pelo diretor; tampar os olhos e tentar caminhar pelo ambiente; cruzar as mãos nas costas e pegar, sem uso das mãos, objetos no ambiente etc.

O diretor poderá variar as sugestões dividindo o grupo em dois e um completando o outro.

Exemplo 7: "A orquestra". O grupo, ou cliente, deverá ouvir uma música em silêncio. Terminada a música o grupo deverá recomeçar, mentalmente, a ouvir a música de memória. Num dado momento o diretor dá um sinal e todos deverão cantar o pedaço que estiverem "ouvindo no momento".

Exemplo 8: "O transporte". O grupo, dividido em dois, deverá cumprir tarefas opostas. Por exemplo: um grupo transporta almofadas de um lado para outro da sala e o outro grupo faz o inverso. Ou um grupo põe objetos em uma caixa, um a um, e o outro grupo tira os objetos, um a um.

Este jogo pode ser útil em trabalho com casal — um põe e o outro tira.

O diretor irá criando suas variações.

Exemplo 9: "Que será?" Uma folha grande de papel-pardo pregada na parede e caixa de canetinhas.

O grupo deverá caminhar e, ao passar pela folha, poderá rabiscar o que quiser. O outro, em seguida ou concomitantemente, fará a complementação.

Muitas variações podem ser feitas.

Exemplo 10: "Era uma vez..." O grupo escreverá individualmente uma frase que comece com "era uma vez...".

Depois os começos são postos juntos e se agrupam por afinidades, dando continuidade à história.

Procurei dar sugestões de idéias iniciais que podem ser usadas para criações de jogos.

Os jogos deverão ser criados no momento da necessidade e levar em consideração pontos essenciais: *para quem e para que é o jogo*. Qual a motivação do diretor e dos atores ou clientes e terapeutas, ou coordenador e trabalhador, ou professor e alunos... para viverem o jogo.

O jogo que é transportado de um livro ou de um contexto para outro poderá tornar-se um jogo comprometido com a manutenção, a conservação de uma situação e não com a criação espontânea-criativa que transforma.

Também é importante que o projeto do jogo não seja somente do diretor ou do grupo. Quem dirige e quem é dirigido precisam entrar em um acordo antes de jogarem. O jogo não deve-se tornar uma moldura pronta que precisa ser recheada por um retrato, onde as pessoas obedecem à vontade do dono da moldura. A menos que este seja um jogo, ser o retrato em uma moldura.

Todo jogo "imposto" deixa de ser um instrumento de evolução para tornar-se um instrumento da rigidez, do autoritarismo.

Dirigir uma brincadeira com democracia é uma das tarefas mais difíceis a que já me propus.

Apresento agora um exemplo de um jogo em que eu, no papel de diretor, saí transformada.

O Jogo da Assombração

Esta vivência aconteceu em meu consultório, durante um atendimento de um grupo em psicoterapia processual. Este grupo já estava formado havia mais de um ano. Neste dia as pessoas chegaram e se dirigiram para a "cozinha" do consultório (lugar em que fica a bandeja de café). Conversavam mais baixo do que o habitual e pouco riam. Normalmente era um grupo barulhento e falante.

Quando os convidei para entrar, alguém disse: "até que enfim". Imaginei que a pessoa estivesse precisando de espaço para falar e "me desliguei" do comentário. Estávamos mesmo já indo para a sala.

Como era de costume, quem quisesse tirava os sapatos e bolsas e guardava-os em um armário no corredor, antes de entrar. Na sala, as pessoas sentaram separadas ou em duplas, mas a conversa desapareceu. Comecei a sentir um peso no ar.

As pessoas, às vezes, se olhavam, às vezes mexiam nas unhas, às vezes me olhavam. Um comentava fatos da semana, ou da política, ou do filho na escola... mas o grupo não acontecia.

Voltei a consultar meu termômetro interno e sempre encontrava um mal-estar, um peso. Nenhuma percepção mais clara do que estava acontecendo. Comecei a me sentir "de fora", parecia que todos sabiam de alguma coisa, menos eu.

Perguntei ao grupo: "O que está acontecendo?".

O grupo disse: "Nada! Sei lá! Faz alguma coisa! Que coisa chata! Eu não quero nem ver!".

Meu mal-estar aumentou, e com ele o desejo de não estar no papel de diretor naquele momento. Diante deste sentimento melhor é dividir com o grupo. Disse a eles:

— Não estou entendendo nada do que acontece aqui. Se vocês toparem, vamos brincar de "assombração". Quem sabe o que é "assombração"? O que assombração faz com a gente? Com o que assombração se parece...?

Enquanto aquecia a mim e ao grupo, fui pegando uma folha de cartolina e caixa de lápis de cor que pus no centro da sala. Nem o grupo nem eu tínhamos vontade de andar. A gente não tem vontade de andar por aí quando a "assombração" está escondida.

Disse ao grupo que quem quisesse podia ir rabiscando o papel. Aos poucos o grupo se aproximou do papel e todos começaram a desenhar ao mesmo tempo. Rabiscavam, rabiscavam, rabiscavam... aparentemente sem nexo. Quando a "obra de arte" estava pronta (e eu mais calma), pedi espaço para me sentar na roda. Começamos a conversar e o grupo, carinhosamente, me perguntou o que estava havendo na clínica, pois sentiam que o clima não estava bom.

Percebi, naquele momento, que os desencontros entre mim e os colegas de consultório não eram secretos como eu imaginava. Havia mesmo uma "assombração".

Agradeço ao grupo a ajuda que me deu. O jogo criou a possibilidade de o grupo expressar a verdade de uma maneira delicada e eficiente. Logo depois mudei meu consultório para outro endereço. Este grupo me ajudou a tomar tal decisão.

II – *Jogos de Iniciação* — São os jogos de representação DE, que refletem o momento em que o ator brinca no papel. Para a criança são os momentos em que cria a mímica. É o *role playing*. Na história é o momento em que o homem agricultor cria os rituais. No teatro da espontaneidade o ator improvisa papéis.

Exemplos de jogos deste grupo:

Exemplo 1: "O grupo vai trabalhar com diferentes consignas", o dirigir e o ser dirigido, o dar e o receber, o experimentar criar e ser criado.

Exemplo 2: "O elástico". Cada dupla deverá entrar em um círculo de elástico e um por vez dirigirá os movimentos da dupla. O outro deverá acompanhar.

Exemplo 3: "O par redondo". Cada dupla deverá criar movimentos redondos com partes do corpo ou com o corpo inteiro. Um por vez dirige e o outro é dirigido.

Exemplo 4: "O baú imaginário". Um saco vazio, ou uma grande almofada, ou uma caixa vazia etc. O grupo deverá ir tirando peças imaginárias para se vestir, criando seu personagem.

Exemplo 5: "A máscara". Um estojo de tintas de pintura a dedo que pode ser usada no rosto. Cada um, sem espelho, deverá ir criando sua máscara de acordo com o tema já proposto, ou ao som de uma música, ou de acordo com o que estiver sentindo no momento. Depois se escolhem pelas máscaras para formarem dupla, trio, grupo e retocarem mutuamente as máscaras.

Exemplo 6: "Quem sou eu". Uma caixa com tiras de pano e um grupo com vontade de brincar. Somente com as tiras deverão criar uma fantasia para, por exemplo, irem a um baile, ou a um júri, ou a um velório, ou... O objetivo deverá ser definido pelo momento.

Exemplo 7: "Entrar em cena". Uma música, escolhida de acordo com o momento, deverá se repetir, enquanto o grupo, reunido em um canto, vai entrando em cena fazendo movimentos inspirados na música.

Exemplo 8: "Conto de fada". Valendo-se de um conto de fada as pessoas irão entrando em cena via um personagem da história. A história é revivida e mudada, caso o grupo queira.

Exemplo 9: "A história continua". Com base em uma história da carochinha, contos de fadas, lendas etc., inicia-se uma história. O grupo dará continuidade ao tema.

Exemplo 10: "O jornal vivo". Baseado em notícias selecionadas pelo grupo, uma cena ou várias cenas são criadas e depois são reunidas em uma só. Ou eleita uma para o grupo todo recriar (criação moreniana).

Exemplo 11: "Entrar na história". Com base em fatos históricos conhecidos — por exemplo, o descobrimento do Brasil — é possível criar um teatro espontâneo.

Exemplo 12: "Viagem à lua pelo arco-íris". O grupo parte para uma viagem à lua levando sua bagagem; a estrada é o arco-íris. Na lua cria sua nova casa. Quem mora perto? O que eu preciso para morar na lua? Etc.

Exemplo 13: "Trabalhando cores". O cliente ou o grupo, de olhos fechados e deitado, vai acalmando seu corpo com a respiração.

Quando estiver tranqüilo, soprar uma bolinha de ar dentro de si mesmo, bem suave e colorida, da cor que quiser. Escolher a parte do corpo que deseja arrebentar a bola de ar colorida. Repetir a cena até colorir todo o corpo. A partir da cor que escolheu, criar um personagem, se for o caso.

Estas são algumas sugestões que o diretor poderá ter no seu arquivo "reserva" para criar seus jogos, quando necessário.

Como já disse, os jogos nascem como parte de um projeto que vai se delineando entre professor e alunos, diretor e atores, clientes e terapeuta etc.

Descrevo agora um momento da minha prática em que um "Jogo de Iniciação" aconteceu: "O jogo da princesa Eco".

Um grupo de alunas e eu estávamos em uma aula de um curso de jogos. O projeto do grupo para o dia era selecionar situações de jogos, da prática das alunas, para ser efetuada uma supervisão.

O grupo "falava do projeto", mas todos sentados em almofadas demonstravam desânimo. A aula não acontecia.

Com dificuldade, conseguimos selecionar duas situações da prática: um grupo de pais de crianças com Síndrome de Down que perguntava: "O que seus filhos sentiam e eram capazes de compreender?".

Outra situação selecionada era: grupo de pais de adolescentes com distúrbios de comportamento.

A aula continuava arrastada. Perguntei ao grupo se queria mudar o projeto e as pessoas disseram que não. Apesar da resposta, o desânimo continuava. Convidei, então, o grupo para caminhar pela sala livremente e se cumprimentar como quisesse. O grupo acordou um pouco, mas...

Pus umas almofadas no centro da sala e, enquanto continuavam a caminhar, espreguiçar, cumprimentar-se, deveriam ir pensando num bicho que gostariam de ser. Somente os bichos poderiam ficar no "macio do centro da sala". Quem quisesse continuar "gente" deveria ficar de pé e longe do centro.

Alguns "bichos" entraram, todos com sono, preguiça e cada um na sua. Num dado momento alguém que estava na "roda de gente" disse: "Não tô com vontade, mas tem de fazer, né?".

Interrompi o jogo e disse ao grupo: "Pronto! O jogo terminou! Agora nós já sabemos como lidar com o grupo de pais com filhos especiais".

Ninguém entendeu nada, mas o clima mudou. As alunas fizeram espontaneamente um círculo em volta do "cenário macio" para conversar.

Perguntei como se sentiam agora que não eram mais iguais aos "pais que tinham de fazer...".

Esta leitura da dinâmica do que estava ocorrendo naquele dia só foi possível quando as alunas, "distraídas pelo jogo", se manifestaram ("não tô com vontade, mas tem de fazer, né?"). Esta é, a meu ver, a fala protagônica, ou palavra-dramática, que rompeu com a "obediência cega".

Quando o jogo começou não havia um trato que as alunas seriam "os pais" ou "os filhos". O convite para andarem e criarem um personagem foi baseado no desânimo no papel de alunas.

Conversamos sobre como a identificação com os pais havia sido naturalmente feita. Como profissionais, não tinham se dado o direito de mudar o projeto da aula, mesmo desejando.

O grupo, aliviado, conversou ricamente sobre a experiência do dia. Pediram que fosse feito algum jogo para "recarregar a bateria".

Eis o jogo que vivemos:

Todos deitados com os pés para dentro e a cabeça para fora, formando uma estrela de muitas pontas. Cada uma deveria prestar atenção na própria respiração e ir se soltando pela respiração. Quando todas já estavam relaxadas, pedi que respirassem pensando na sola dos pés. Abrindo "portas" nos pés para deixar entrar, com o ar, uma luz violeta. Esta luz violeta iria subindo, subindo e limpando o que precisasse limpar: cansaço, desânimo, medo, tensão... Sempre pela respiração elas iriam transportando a luz violeta da faxina até que, por uma "porta aberta" no alto da cabeça, o produto da faxina sairia.

Cada uma, no seu ritmo, deveria fazer uma faxina "pente-fino" pela segunda vez. Quando se sentissem bem e já com a faxina feita, deveriam dar um sinal com a mão direita.

O segundo momento: "cada uma deveria se chamar princesa", primeiro em pensamento, depois em voz alta de diferentes maneiras.

À medida que as alunas, individualmente, experimentavam chamar "a princesa", um coral foi espontaneamente formado.

Quando o grupo se fartou de acordar a princesa dentro de si, era hora de voltar.

Espreguiçaram, foram abrindo os olhos e voltando ao contexto grupal.

Quando o grupo já estava sentado, contei-lhes esta história: "Era uma vez uma linda princesa chamada Eco, que cantava muito bem. Um dia o deus do poder, Zeus, que era casado com a deusa Hera, se enamorou de outra. Chamou a princesa Eco e lhe disse: "Você que canta tão bem fique cantando para distrair Hera, minha esposa, enquanto eu estiver no meu encontro de amor". Eco, obediente ao pedido, cantou lindamente. Um dia Hera descobre o artifício e, dirigindo-se à princesa Eco, lhe diz: "Porque você cantou assim, agora não cantará mais. Doravante, você repetirá as últimas palavras dos outros, sem poder falar por si". E assim nasceu o Eco.

Terminamos a aula de uma maneira gostosa e renovada, mas com o Eco a ser resolvido. Quem só canta para o prazer do outro vira Eco.

É preciso chamar a princesa de volta, já que princesa significa "força jovem". Quem não tem a força jovem, a princesa, perdeu o direito de escolha, virou Eco.

Penso que neste exemplo não houve somente um jogo de percepção. Considero que até o momento em que as alunas puderam ser diferentes dos pais, que sentiam que "tinham de fazer a qualquer preço", houve um jogo.

Quando trabalhamos o perceber-se, o buscar em si uma força jovem, pode ter ocorrido diferentes jogos para cada participante. Se em uma aluna tiver havido um *insight* sobre si mesma que a transformou, houve um jogo dramático. Em outra, se foi a percepção que sentiu vergonha de se chamar "princesa", também houve um *insight,* mas necessitará de novos trabalhos no assunto. E, em uma outra, se houve um brincar gostoso que a renovou, "recarregando a bateria", pode ter havido um jogo de improviso.

Um jogo muitas vezes só pode ser classificado depois do seu término — e às vezes nem assim! —, pois são suas conseqüências que definem sua conceituação final.

III – *Jogos de Improviso* — São os jogos de transformação DE, refletem o momento em que o homem reconhece a trama do drama. O homem cria o mito. Também o momento em que a criança cria o herói, simboliza, *role creating*. No teatro terapêutico o homem se confronta com sua história, com sua dor.

Exemplo de jogos deste grupo:

Exemplo 1: "A família de bonecos". Uma caixa com bonecos de pano e um cliente ou grupo querendo criar história, cenário e cena.

Exemplo 2: "A família de papel". Um jornal velho e tesoura. Um cliente ou um grupo que, recortando bonecos de papel, vão criando a história.

Exemplo 3: "Bolinha de gude". Uma caixa com muitas bolinhas de gude (30 a 50) de vários tamanhos e cores. De preferência parte brilhante, parte fosca, misturadas. Com as bolinhas espalhadas é possível criar, por exemplo, "a família", trabalhar escolhas. Cria-se livremente a mitologia da vida e da morte. Ou a mitologia do nascimento.

Exemplo 4: "Sem ver eu posso...". Uma ou um conjunto de máscaras do tipo usado em avião. Quem quiser viver uma viagem interna, sozinho ou em grupo, acompanhado de música, coordenação do diretor... Deitados ou com movimentos.

Interessante o uso de máscaras com movimento, por exemplo, em situações que a(s) pessoa(s) tem(têm) dificuldade(s) com temas agressivos.

Exemplo 5: "Figuras geométricas". Uma caixa com um grande número de figuras geométricas de cerca de 5 centímetros feitas de papel dobradura de todas as cores possíveis. Criar e viver cenas via figuras geométricas.

Exemplo 6: "Um conto de fadas". Uma pessoa ou um grupo conta um conto de fada de sua escolha. Com base nisso escolhe qual o personagem que quer entrar para mudar a história. Ou a história é iniciada e o grupo a continua.

Exemplo 7: "Fotografia". Trazer fotografias significativas para a pessoa ou grupo e baseado nelas criar, por exemplo, cenas. A pessoa fica na posição do personagem que escolheu na foto (pode ser gente ou objeto) e cria a história a partir dali.

Exemplo 8: "O ator e o dublê". A pessoa — ou grupo — vai escrever um filme e encená-lo. À medida que o cliente ou grupo for contando o *script* do filme, procurar cena que o ator não queira fazer e mandar o "dublê". Quem é seu dublê?

O dublê é um recurso bastante útil para ser usado também em dramatizações em que o protagonista está com dificuldades paralisantes. O dublê, como no cinema, entra nas cenas perigosas, temidas, e obedece ao *script* do titular.

Exemplo 9: "Vou chamar meu irmão". O protagonista dirige uma pessoa escolhida, por ele, para ir no seu lugar viver uma cena da sua vida. Ele, de fora da cena, vai dizendo ao outro tudo que deseja fazer e ainda não pode. O outro realiza por ele.

Exemplo 10: "Minha árvore genealógica sobre..." Cada um, com base em seu lugar na família, vai montando em uma folha o rastreamento de um assunto. Então, se perceberá como o mesmo tema/acontecimento aparece em gerações diferentes. Por exemplo: naquela família, com quem se casam as mulheres fortes? O que aconteceu com os casamentos na geração dos avós, pais, filhos, netos? Ou, com esta mesma motivação, fazer a árvore genealógica de uma instituição ou de uma empresa. Quem ocupa um determinado lugar em cada geração?

Todas as sugestões são somente um aquecimento para diretor e grupo, ou diretor e cliente, ou coordenador e grupo criarem seus jogos. Todos nós podemos criar jogos, basta estudarmos o movimento, fazermos o contrato de trabalho e pôr a imaginação para funcionar.

Exemplo 11: Jornal vivo (criado por Moreno). Fatos do jornal do dia são escolhidos pelo grupo para serem vividos. O Jornal vivo pode atingir vários níveis de ação.

Descrevo, agora, um jogo de improviso que vivi alguns anos atrás e que resultou em mudanças.

O Jogo do Mapa do Brasil

A convite da equipe de um ambulatório de Saúde Mental fui fazer sociodrama da instituição (na época este trabalho era chamado, na linguagem do Estado, de Supervisão da Instituição). O grupo, de trinta e cinco pessoas, composto por todos os funcionários do local, veio para o salão. O clima era de insatisfação, revolta, todos falavam ao mesmo tempo. O assunto era a notícia de um possível fechamento do ambulatório.

Não conseguia coordenar a discussão, tamanha a balbúrdia. Eu, mesmo sem saber como ajudar, estava igualmente emocionada. Subi em uma cadeira e, batendo palmas, falei mais alto que todos: "Atenção, moçada, vamos conversar?". As vozes diminuíram, mas a agitação continuou, e ninguém acreditava ser possível criar alguma coisa naquele momento.

Em uma prateleira neste salão estavam guardados vários objetos: cartolinas, tesouras, latas, barbante, caixas... Então, pensei comigo mesma: "Na dor da ameaça o grupo se desfez. Onde está o grupo, a equipe?".

Peguei o rolo de barbante e disse ao grupo que gostaria de fazer um jogo, mas que precisava de todos.

Feito o contrato, pedi que segurassem o barbante e fossem fazendo um círculo. Depois deveriam desenhar, com o barbante, um mapa do Brasil no chão. Mas um mapa bem grande, o maior que pudessem. Feito o mapa, deveriam "entrar no mapa" e criar uma posição que mostrasse como estavam sentindo-se como funcionários. A partir da "estátua" criada não poderiam mais falar nem se mexer. Rapidamente trinta e cinco estátuas estavam feitas. Comecei a caminhar entre elas reforçando "a obediência cega". Exemplo: "Isto mesmo, não se mexa! Não olhe para os lados! Fique na sua! Parabéns, você se transformou em uma boa estátua! Quanto mais você ficar assim, melhor!".

O grupo foi entrando na "obediência cega" e perdendo a crítica do que estava acontecendo. Ficaram passivos por um longo tempo, até que a funcionária do cafezinho, que era muito querida no grupo, explodiu. Saindo da "estátua", disse:

— Não sei o que vai acontecer, mas não agüento mais. Vou sair!

O grupo acompanhou em diferentes ritmos. Um dos últimos a sair da posição de estátua foi o diretor do ambulatório.

Surpresos, aliviados, nos sentamos para conversar sobre o que ocorreu.

Alguns desejavam não obedecer, mas não tiveram coragem. Outros obedeceram sem questionar. Alguns esperavam que o diretor fizesse alguma coisa. Outros sentiram raiva de mim, mas não sabiam o que fazer.

Depois do compartilhar nossos sentimentos e reações, passamos a pensar no encaminhamento que o grupo queria dar para o assunto. Saímos do caótico, reconquistamos o grupo. E quando se tem o grupo é possível criar uma solução grande e forte. A solidão, a impotência, o medo, a raiva se transformaram em vontade de criar uma resposta nova.

IV – *Jogos Dramáticos* — São jogos de transformação DO e DE. Refletem o momento em que o homem encarna o mito, vive a tragédia e transforma o mito e a si mesmo. Para a criança pequena é o movimento em que encarna o herói, *role creating*.

No teatro do Criador o ator profere a palavra-VERBO, ou palavra dramática que é a criação.

Exemplo de jogos deste grupo:

Todos os sugeridos no grupo anterior podem-se tornar um jogo dramático desde que eles prescindam de outras ações ou técnicas para se completarem. A distinção entre um tipo de jogo e outro é sutil. Considero somente possível saber se um jogo foi "dramático" ou não depois que este ocorreu.

Como foi dito, ao descrever a evolução do teatro na obra de Moreno este tem vários palcos por onde o ator-espontâneo deverá passar. Saber se o "ator-brincante" subiu até o palco do Criador e, por meio do lúdico, recriou a cena é tarefa para depois do jogo.

No jogo dramático o palco é o do templo-teatro, onde sagrado e profano se unem na criação. Procurei dar alguns exemplos, mas o leitor pensará: "São iguais ao grupo anterior!". Aparentemente, até podem ser...

Exemplo 1: "Contos de fadas". Uma ou mais pessoas revivendo sentimentos, dificuldades e emoções via personagem de contos de fadas. Então, começam a mudar na vida.

Começam vivendo o papel como a cultura do conto de fada lhes diz que é; aos poucos, criam seus próprios papéis e nos papéis os atores-brincantes ao encenarem o conto se transformam e transformam o conto.

Exemplo 2: "Casinha de bonecas". Mesma caixa de bonecos de pano, tesoura, linha, agulha e pano ou papel crepom. A pessoa ou grupo vivem cenas proibidas via bonecos. Como, por exemplo, medo da homossexualidade. Se eu fosse homem... Se eu fosse mulher...

Exemplo 3: "Bola de borracha". Uma coleção de bolas coloridas e de diferentes tamanhos que a pessoa ou grupo poderão brincar de muitas coisas. Por exemplo: competição entre membros que não pode ser expressa. Quanto mais puderem viver, expressar e esgotar impossibilidades de lidar com a questão, mais caminharão para o palco do Criador. A Criação no jogo traz a resposta transformadora.

Exemplo 4: "O ator e o dublê". Os mesmos jogos anteriores, porém as resoluções dramáticas ocorrem dentro dos próprios jogos.

Exemplo 5: "Vou chamar meu irmão". Todas as cenas são vividas pelo dublê (ego-auxiliar ou colega de grupo). As soluções são criadas pelo dono da cena, este precisa ensinar ao outro a sentir toda a emoção que ele sente naquela situação. E depois o próprio dono da cena substitui o dublê. Para ser um jogo dramático é necessário que vá além do diagnóstico do conflito, do reviver catártico do drama, é preciso integrar de maneira nova a cena.

Descreverei aqui uma situação em que considero ter vivido um jogo dramático:

O Jogo do Protesto

Um dia, um cliente de psicoterapia individual bipessoal trouxe novamente o tema principal que o levou a me procurar: gagueira.

Esta pessoa imigrante, vinda de um país onde houve guerra, contava que, ainda adolescente e durante a guerra, havia adquirido a gagueira.

Muitas dramatizações, muitas sessões verbais, muitas lágrimas derramadas juntos pelo atraso da humanidade ao fazer guerra. Neste dia resolvemos brincar. Peguei uma caixa com bonecos de pano e bastante toquinho de madeira. A idéia de brincar surgiu de um comentário do cliente, que relatou não ter brincado quando criança. Estávamos, os dois, empenhados no projeto "brincar". Com os toquinhos fomos criando o cenário de uma cidade. Enquanto colocava os moradores e ia criando as histórias de cada um, o "recém-ator-brincante" se mostrava mais confortável.

O projeto de aprender a brincar já durava várias sessões quando ocorreu o momento que considero um jogo dramático. Neste dia, o cliente construiu uma casa alta de toquinhos e no andar térreo pôs o menino-boneco que morava ali. O boneco batia na porta fechada da casa chamando alguém.

O ator ficava cada vez mais tenso e emocionado enquanto desenvolvia a cena. O menino-boneco batia na porta fechada e nada!

Num dado momento, a casa de toquinhos caiu sobre a mão que segurava o boneco. Imediatamente, ele largou o boneco, cobriu o rosto chorando e disse: "Não quero deixar de ser gago! Não quero!".

Ambos nos surpreendemos com a notícia.

Mais calmo, o cliente me disse que, quando a "casa de toquinho caiu sobre o menino-boneco", ele compreendeu que ser gago era um protesto contra a guerra. A guerra lhe causava tal horror que "resolveu ser gago em protesto".

Nos abraçamos emocionados. A cena temida havia sido revisitada, e do palco do jogo dramático nos transformamos e a transformamos.

Ao ressignificar a gagueira o cliente pôde lidar com o fato de um jeito novo.

A luz se fez!

Novo exemplo:

O Céu de Bolinhas de Gude

A vivência ocorreu com um grupo de mulheres na periferia, com o qual trabalhava esporadicamente, a convite de profissionais amigos, atuantes no bairro.

Neste dia havia sido convidada a ir ajudar este grupo a elaborar a morte de uma criança por atropelamento. Levei comigo uma sacola de "coisinhas" úteis e variadas.

O grupo me esperava em uma construção de madeira, cheia de goteiras e de frestas na parede de tábua. Era o clube do lugar, o salão de reuniões etc. Começaram logo a me contar o que havia acontecido e todas ajudavam a mãe enlutada recontando os fatos. Esta chorava em silêncio e o grupo continuava contando, contando...

Peguei minha sacola com o saco de bolinhas de gude. Então, convidei o grupo a ficar de pé e formar uma roda. Fiz o acordo de trabalho.

Aí, conversamos sobre a vida e a morte, sobre mãe e filho, para onde se vai depois da morte etc.

Distribuí as bolinhas entre todas, de forma que o grupo inteiro participasse na montagem do cenário escolhido que era "o céu". Jogavam as bolinhas no chão e iam sentando-se ao redor.

Quando o céu ficou "estrelado" e o grupo aquecido, já reviviam com emoção suas perdas. A mãe enlutada escolheu um lugar no céu para pôr sua bolinha brilhante. Conversaram com a bolinha brilhante, dando-lhe instruções de como viver no céu. Mudavam os vizinhos da bolinha brilhante criando uma "sociometria celeste".

Espontaneamente, deram voz à bolinha brilhante, que agradeceu o céu criado para ela e se despediu de tantas mães.

Nos afastamos do cenário-céu depois de um longo tempo de silêncio. Era bonito o céu! Nós, mães, sentíamos alívio na dor.

Assim, um mito foi revisitado e recriado ao mesmo tempo que nos recriamos. Nos transformamos e transformamos o céu. Conquistamos a paz!

CAPÍTULO 6

UM CAPÍTULO ESPECIAL: "AS MENINAS NA RUA"

ou *Em busca da pena e não da pluma*

Durante cinco anos participei de um projeto com meninas na rua. Era um projeto (digo era, porque infelizmente acabou) dedicado a trabalhar com "meninas de *trottoir* e confinamento" (62).

Considero este trabalho o meu doutoramento e meu diploma de terapeuta. Muito devo a elas pelo que me ensinaram. Durante a nossa convivência, algumas vezes me disseram: "Por que você não escreve nos jornais que nós não somos ruins?".

Resolvi terminar este livro contando um pouco desta história.

Um dia estava na sede do projeto, que era uma casa bem próxima à boca-do-lixo, quando chega agitada e "meio esquisita" uma moça a quem chamarei Rosinha.

Esta moça de 18 anos já havia matado um homem e por isso tinha estado em uma unidade especial para menores infratores. Quando foi presa, estava grávida, e seus filhos gêmeos nasceram na prisão. Ela só os viu uma vez. Por decisão do juiz, Rosinha foi declarada incapaz, e os filhos entregues para o serviço de adoção.

Ao sair da prisão voltou a morar na rua As companheiras diziam que não era mais a mesma. Ora ficava triste e com o olhar distante, ora agredia por nada.

Rosinha, neste dia, entrou na minha sala soluçando e, debulhada em lágrimas, dizia: "Me ajuda a chorar, isto é água!".

Recomposta do susto, procurei me inteirar do que estava acontecendo, mas pouco consegui apurar. Nada de extraordinário havia acontecido com ela.

Propus, então, dramatizar o choro, não deu certo. Propus desenhar, também não funcionou.

Busquei o famoso copo de água com açúcar, mas falhou.

A cada proposta nova, Rosinha me "obedecia", mas nada mudava. Continuava escorrendo abundante cachoeira dos seus olhos e ela repetia: "Me ajuda a chorar, isto é água!".

Não sabia o que fazer, nenhuma idéia salvadora aparecia.

Sugeri que deitasse, que andasse, que fosse tomar um banho etc. etc.

O tempo passava e a cena era a mesma, aparentemente. À medida que diminuía o número de propostas a fazer, ia me sentindo mais e mais desanimada.

Outras pessoas que estavam por perto fizeram sugestões que também não funcionaram.

Aos poucos foram desistindo e ficamos somente nós duas na casa.

Confesso que cheguei a pensar em desistir, mas minha vontade de ajudar prevaleceu.

Quando ouvi pela centésima vez sua frase de que as lágrimas eram água, me afastei de Rosinha e cheguei perto da janela. Foi a primeira vez que "desgrudei" dela.

Sem planejar, havia criado a distância suficiente para ver a cena e pensar sobre ela. Pensei: "O que me faria ficar deste jeito?".

Só neste momento vi a Rosinha inteira e não o "rosto-cachoeira".

Estiquei o braço através da janela e quebrei um galho de uma árvore próxima. O galho formava uma forquilha, dividindo-se em dois pequenos galhinhos. Pus o galho perto da menina-mãe e lhe disse:

— Estes são seus dois filhos.

Rosinha parou. O rosto-cachoeira imobilizou-se e, pegando a barra da saia, secou o rosto, sem parar de olhar "os filhos".

Meio sorrindo, meio triste, começou a fazer um movimento de balançar o corpo como se embalasse os bebês. Levando a mão até o galho, fez um gesto de carinho alisando as folhas.

Dos seus olhos escorreram duas densas e profundas lágrimas. Atrás das plumas, as penas!

Pouco depois ela se levantou com o galho na mão e, me abraçando, disse:

— Obrigada, eu chorei!

Saiu para a rua.

Eu, cansada mas feliz, agradecia em silêncio à Rosinha o diploma. Depois de tanto tempo, bem que o mereci.

Passado algum tempo, soube que Rosinha morrera.

Mas, como disse Monteiro Lobato, "as pessoas não morrem, elas ficam encantadas". Rosinha está encantada no meu coração. O jogo de repetição do "rosto-cachoeira" me transformou ao se transformar. O palco da criação se fez presente!

O Jogo da Cinderela

Muitas são as vivências em que entraram jogos no trabalho com meninas na rua. Cito este exemplo por considerá-lo rico.

Uma das atividades que desenvolvíamos no projeto era trabalhar a formação de pequenos grupos de meninas que se escolhiam para morar juntas. Este "projeto moradia" nasceu de um desejo delas, e enquanto durou foi "a menina dos meus olhos".

Um grupo de quatro, após várias reuniões, idas e vindas, entradas e saídas de membros no grupo, conseguiu alugar uma casinha e organizar o essencial.

Fogão comprado, tudo em ordem, alegria geral!

Fizemos uma reunião para organizar a festa de inauguração da "primeira república" do nosso projeto. Entre divisões de comes e bebes, lista de convidados, perguntei a elas:

— Se fôssemos fazer uma festa a fantasia, qual seria a sua escolha? Vale tudo! No sonho a gente pode ser livre para escolher o que quiser.

Para minha surpresa, fizeram um silêncio sepulcral, e um clima de emoção foi instalando-se. Parecia que a minha pergunta havia tocado em alguma coisa secreta.

Após um tempo de silêncio, Verinha, sem olhar para nós, disse:

— Se pode tudo, eu quero ser noiva, com véu e grinalda.

Só eu estava surpresa. Sem terem conversado a respeito, todas acalentavam este sonho.

Ana Paula, a mais despachada do grupo, foi logo dizendo:

— Por que a gente não faz isto agora?

Partimos para conseguir material que pudesse vestir quatro noivas. Não foi preciso muita coisa "concreta". Quando se está com "a alma alada" é possível viver no "como se" um sonho. No dia-a-dia é um desejo proibido, destes que nos tornam rígidos, com vergonha e medo do ridículo, da culpa de não merecer.

Rimos, desfilamos, cantamos, cortamos um bolo imaginário, macio e fofo. Até um brinde aconteceu!

Depois que as noivas jogaram seus buquês para trás, foram viajar.

Voltamos felizes e leves à reunião e aos preparativos da inauguração. Estávamos diferentes, transformadas.

Quantos preconceitos nós precisamos vencer para as noivas acontecerem! Digo nós porque a maneira como fui pega de surpresa demonstra que havia algum nível de preconceito em mim. E nelas também, pois a "menina na rua" não tem sobre si mesma conceito de merecimento. O espelho da sociedade a convenceu de que a dupla moral é certa: "Quem está lá é ruim, quem está aqui é bom", "na rua mora quem não quer trabalhar" etc.

Assim, *O alienista,* escrito por Machado de Assis, continua atual como se tivesse sido escrito hoje.

Mas e o jogo?

Uma festa à fantasia em que todas querem o mesmo: o sonho da cinderela. Poder viver este sonho no "como se" possibilitou ao grupo um momento de resgate ao direito de sonhar, que só era permitido antes da rua.

A prostituição infantil é um dos pontos mais sérios e urgentes da Saúde Pública.

Neste espaço, atendendo ao pedido que me foi feito por um grupo delas, escrevo: a menina na rua não é ruim por natureza.

Enquanto escrevo este capítulo do livro, o jornal *Folha de S. Paulo,* sessão Folha Sudeste, 3/7/1994, traz como manchete: "Cresce número de crimes de meninas de rua. A falta de locais para detenção de meninas infratoras em Campinas aumenta violência, afirma polícia". Em um destaque, nesta página, é apontada a proposta de solução do governo estadual: "a construção de quarenta miniinternatos de 'segurança máxima' pelo interior".

O que dizer?

O Jogo na Elaboração da Morte

Maria Lencinho foi uma menina magra, de olhos grandes e azulados. Brava como ela só, brigava com quem a provocava, mas era uma criança quando tomava um sorvete. Ela contava que a mais bonita lembrança que guardava da vida era um sorvete que sua professora lhe dera no dia do seu aniversário.

Um dia Maria Lencinho sumiu. Chega a notícia de que está internada com "bronquite". Na verdade, ela estava com Aids e não mais voltou do hospital. Foi o primeiro caso comprovado no grupo.

Todas correm a se reunir na sede do projeto, que chamavam "A Casa". Olhos arregalados, sentadas pelos cantos, pouca conversa, medo... insegurança... e uma desconfiança tão forte que a sala parecia um barril de pólvora. Os olhos de cada uma dizia: "Não me olhe assim, que eu te mato! Eu não tenho isto!".

Eu também estava com medo, não sabia o que fazer. As vivências intensas sempre foram as que começavam de igual para igual. Quando eu abria mão de ser psicóloga e entrava na pele delas, a percepção do sentir, das necessidades, dos desejos e possibilidades aumentava. E com estes dados conscientes em mim o jogo surgia naturalmente. Basicamente, este projeto com meninas na rua foi desenvolvido com jogos. Raramente houve dramatização.

Bem, neste dia... passeando o olhar pela sala vi um vaso de planta numa mesa. Pus o vaso no meio da sala e disse para as amigas de Maria Lencinho:

— Quando a gente está doente, com medo de morrer, a gente quer ouvir uma história bem bonita, dessas histórias que fazem bem para o coração. Quem sabe contar história?

Apenas a proposta já conseguiu aliviar o ambiente tenso. Cada uma, a seu tempo, se aproximava do vaso de plantas e, sem que houvesse um trato anterior, começava a chamar o vaso de Maria Lencinho. Iam contando histórias, falando versinhos, dando notícias, até que alguém propôs cantarem juntas uma música.

Naturalmente foram dando presentes para o "vaso Maria Lencinho": ganhou dinheiro, baseado, anel, amor, presença...

Com base no novo clima conquistado, o grupo pôde sentar junto e organizar dois assuntos: como ir ao hospital e como evitar que outras meninas se contaminassem.

O Jogo na Elaboração da Vida

Todos os dias havia um horário para trabalhos de grupos no projeto "A Casa". Funcionava da seguinte maneira: os grupos eram abertos, iam quantas queriam ou podiam; os horários eram pela manhã e o trato era que quem estivesse alcoolizada ou drogada em excesso não deveria ir.

Neste dia, o grupo era bastante numeroso. Às nove horas, quando cheguei, algumas esperavam na calçada. Outras foram chegando. Entraram todas juntas. O costume era alguém ir para a cozinha fazer café, enquanto o grupo arrumava a sala. Neste dia não houve café. Foram entrando, se acomodando, e começando o assunto: Rita havia sido presa havia dois dias e a notícia era que apanhara tanto que estava com uma perna fraturada.

Havia revolta, medo, impotência, raiva e, principalmente, um "não sei o que fazer" geral.

Os palpites eram os mais desencontrados e as notícias cresciam e diminuíam. Rita havia se envolvido com uma quadrilha de assalto. Sua prisão ocorrera em conseqüência de suspeita de roubo.

O grupo estava dividido: umas discutiam a ação da polícia; outras, o envolvimento de Rita com a quadrilha.

De repente a porta foi aberta com um chute e, quando olhamos, lá estava Margarete "bêbada de cair".

Houve um silêncio tão denso que quase era possível pegá-lo no ar. Margarete, bêbada, encostada na parede, olhava para o grupo. Todas se calaram e olhavam a recém-chegada, que havia rompido o trato de "não irem às reuniões alcoolizadas ou drogadas".

Uma das moças se levantou e disse agressivamente para Margarete:

— Por que você bebe assim? Não vê que tá se matando devagarinho?

A recém-chegada deu um passo à frente e indagou:

— Quem falou que eu quero morrer depressa?

A outra respondeu:

— Eu! Porque gosto de você e não quero te ver morta!

Margarete olhou para a amiga muito surpresa e foi caindo sentada no chão, chorando.

A notícia que era aceita havia chegado além da bebedeira, da raiva, da mágoa, do medo...

O silêncio que se fez era mais de cumplicidade que de rejeição. A esperança de vida renascia ali.

O grupo precisava de um tempo sem falar. Uma cena tão simples havia transformado o barril de pólvora.

Resolvemos desenhar. E dos desenhos que foram feitos, neste dia, escolhi este, a seguir, da "Inês, filósofa, analfabeta, aprendiz e professora".

Esta é a explicação dada pela artista para o desenho: "Aqui está um moço aleijado que quer jogar bola, mas não pode porque é aleijado. Mesmo assim ele convidou este outro moço pra jogar com ele. O moço não quis jogar bola porque é aleijado de preguiça".

Moral da história: todo mundo fica aleijado se não tomar cuidado.

COMO DESPEDIDA, UM ÚLTIMO "CAUSO"

Iniciei este livro apresentando o meu primeiro professor de mitologia, o velho senhor Demostro, e contando-lhes a história do Rei Sol. Mas como em toda história de Rei sempre há uma Rainha... chegou a hora de sabermos sobre esta Rainha.

Um dia... numa noite clara de luar, em que as estrelas brilhavam, brilhavam, todas as crianças, fiéis alunos daquela escola, saíram catando gravetos, galhos secos, pequenas madeiras e foram arrumando o cenário, isto é, a sala de aula.

Neste dia, o professor chegou trazendo uma novidade: cana. Nos ajeitamos rapidamente. E, como foi possível, empurramos os mais bobinhos para longe. Nós, os sabidos, nos amontoávamos perto do professor.

Ele descascou toda a cana, sem pressa, com capricho, sem prestar atenção a nossa ansiedade diante do presentão.

Quando terminou, foi chamando:

— *Os pequeno premero.*

Ora, que decepção! Tanto trabalho por nada! Os pequenos eram justamente os bobinhos que havíamos empurrado para longe!

Com aquele professor era sempre assim: ensinava sem falar muito.

Depois de distribuídos os gomos de cana e de todos acomodados e se deliciando com a merenda recebida, veio a história:

— *Intonce, oceis sabe quem é a Lua?*

Olhamos o céu e a Lua estava bem pertinho. Parecia que ouvia tudo.

Veio a história: "A Lua é uma princesa encantada que quando viveu na Terra se apaixonou pelo Sol. Quando se casaram, foram morar no céu. Às vezes, a Lua joga uma semente na terra e aí nasce menino".

Naquele dia, juro que a Lua tinha o rosto de mulher sorrindo!

Será que é verdade?

BIBLIOGRAFIA

(1) ABRAMOVICH, F. *O estranho mundo que se mostra às crianças.* São Paulo, Summus, 1983.

(2) AGUIAR, Moysés. *Teatro da anarquia: um resgate do psicodrama.* Campinas, Papirus, pp. 21/21, 1988.

(3) ALMEIDA, W. C. *Psicoterapia aberta: formas do encontro.* São Paulo, Ágora, 1988.

(4) ALVIM, Rachel e COUTO, V. L. "Role playing com grupo de pais como coadjuvante do processo terapêutico dos filhos". *Revista da Febrap,* anais 4º Congresso, ano 7, nº 1, 1984, pp. 68-70.

(5) AMARAL, G. "Psicodrama e orientacão profissional". *Revista da Febrap,* anais 4º Congresso, ano 7, nº 1, 1984, pp. 71-91.

(6) ARAÚJO, A. M. T. "Relato do acompanhamento em consultório de um caso de meninas adotadas na Febem, com um ano". *Revista da Febrap,* anais 6º Congresso, vol. 3, 1988, pp. 91-96.

(7) BALLY, G. *El Jogo como expression de libertad.* México, Fundo de Cultura Económica, 1958, p. 10.

(8) BASQUES, W. e CASTRO, Rosana. "Merendeiras experimentando psicodrama". *Revista da Febrap,* anais 4º Congresso, ano 7, nº 1, 1984, pp. 133-135.

(9) BERGSON, H. *O riso.* Lisboa, Relógio d'água, 1991, pp. 16-17 e 28.

(10) BLAIA, C. M. G. "O jogo dramático e a empresa". *Revista da Febrap,* anais 4º Congresso, ano 7, nº 1, 1984.

(11) BOUR, P. *Psicodrama e vida.* Rio de Janeiro, Zahar, 1972.

(12) BRANDÃO, Jr. *Teatro grego, origem e evolução*. São Paulo, Ars Poética, 1992, pp. 31-34, 38 e 40.

(13) _____. *Mitologia grega*. Petrópolis, Vozes, vol. III, 1987, p. 71.

(14) BRUHS, E. F. *O corpo parceiro e o corpo adversário*. Campinas, Papirus, 1993.

(15) BUCHBINDER, Mário e MATOSO, Elina. *Las máscaras de las máscaras*. Buenos Aires, Letra Viva, 1980, p. 18.

(16) CARVALHO, E. R. *Jogos dramáticos para cristãos*. Brasília, Companheiros de JUGO, 1982, p. 18.

(17) CARVALHO, Angela e BARBOSA, Sulymar. "Relato de uma abordagem psicodramática de role playing com pais". *Revista da Febrap*, anais 6º Congresso, vol. 2, 1988, pp. 56-65.

(18) CASTANHO, G. P. "O jogo dramático na formação do psicodramatista". *Revista da Febrap*, anais 7º Congresso, 1990, pp. 310-329.

(19) CASTELO DE ALMEIDA, W. *Moreno: encontro existencial com as psicoterapias*. São Paulo, Ágora, p. 14.

(20) CONSTANTINI, M. "Jogos dramáticos para apresentacão em grupo de psicodrama". *Revista da Febrap*, ano 6, nº 1, 1983, pp. 22-25.

(21) COSTA, L. F. "O uso do jogo dramático no atendimento a famílias e membros psicóticos". *Revista Brasileira de Psicodrama*, ano I, nº 2, 1990, pp. 57-61.

(22) CUKIER, Rosa. *Psicodrama bipessoal*. São Paulo, Ágora, 1992, p. 74.

(23) COURTNEY, R. *Jogos, teatro e pensamento*. São Paulo, Perspectiva, 1980.

(24) DATNER, Y. B. "A formação de docentes para o ensino do psicodrama". *Revista da Febrap*, anais 6º Congresso, 1988, pp. 124-133.

(25) DAVOLI, Cida. "Psicodrama e sociodrama. Caracterização". *Revista Brasileira de Psicodrama*, ano I, nº 2, 1990, pp. 25-28.

(26) DIDIER, Auzieu. *Psicodrama analítico*. Rio de Janeiro, Campus, 1981.

(27) DUCLËS, S. M. "Expressar sem medo". *Revista da Febrap,* ano 2, nº 2, 1980, pp. 5-9.

(28) FERRARI, D. C. A. "A postura do psicodramatista no psicodrama de crianças". *Revista da Febrap,* anais 4º Congresso, vol. 2, 1984, pp. 55-60.

(29) FONSECA FILHO, J. S. *Psicodrama da loucura.* São Paulo, Ágora, 1980.

(30) FREUD, Sigmund. *Além do princípio do prazer (1920).* E.S., vol. XVII, Rio de Janeiro, Imago, 1976, pp. 13-85.

(31) _____. *A interpretação dos sonhos (1900a).* E.S., vol. V, 1ª edição, Rio de Janeiro, Imago, 1976, pp. 493.

(32) FROMM, E. *Fear of freedom.* Nova York, Routledge, 1952, p. 141.

(33) GONÇALVES, C. S. *Psicodrama com crianças.* São Paulo, Ágora, 1988, p. 11.

(34) HOLMES, P. e KARP, M. *Psicodrama – Inspiração e técnica.* São Paulo, Ágora, 1992.

(35) HUNNINGHER, B. *The origin of the theatre.* Nova York, Hill and Wang, 1961.

(36) HUIZINGA, J. *Homo ludens.* São Paulo, Perspectiva, 1980.

(37) KAUFMAN, Arthur e MONTAGNA, P. L. "Ensino de psiquiatria clínica através de role playing". *Revista da Febrap,* ano I, nº 2, 1978, pp. 79-81.

(38) KAUFMAN, Arthur. "Jogos em psicoterapia individual". *Revista Febrap,* ano I, nº 2, 1990, pp. 82-86.

(39) _____. "Contribuição ao ensino médico através do psicodrama". *Revista da Febrap,* ano 6, nº 1, 1983, pp. 88-91.

(40) _____. "Uma abordagem socionômica na educação médica". *Revista Brasileira de Psicodrama,* ano I, nº 1, 1990, pp. 41-47.

(41) KAUFMAN, Arthur e MONTÁGUA, P. L. "Ensino de psiquiatria clínica através de role playing". *Revista da Febrap,* ano I, nº 2, 1978, pp 79-87.

(42) KESSELMAN, H., e PAVLOVSKY, B. *Las escenas temidas del coordenador de grupos.* Buenos Aires, Busqueda, 1993.

(43) _____. *A multiplicação dramática.* São Paulo, Hucitec, 1991, pp. 110.

(44) KESTEMBERG, E. e JEAMMET, P. *O psicodrama psicanalítico.* Campinas, Papirus, 1989.

(45) _____. *Le Psychodrame Psychanalytique à l'adolescence,* Adolescence, t. 1, n° 1, Paris, 1983.

(46) KOUDELA, I. *Jogos teatrais.* São Paulo, Perspectiva, 1984, p. 31.

(47) LEMONE, P e G. *O psicodrama.* Belo Horizonte, Luter Livros, 1978.

(48) LESKY, A. *A tragédia grega.* São Paulo, Perspectiva, 1971, pp. 22-25 e 42.

(49) MARCHESINI, Angela e outros. "Repensando o papel do professor de 1ª e 2ª séries do 1° grau através do método psicodramático". *Revista da Febrap,* anais 6° Congresso, vol. 1, 1988, pp. 117-123.

(50) MARINEAU, R. F. *Jacob Levy Moreno. Pai do psicodrama, da sociometria e da psicoterapia de grupo.* São Paulo, Ágora, 1992, p. 20.

(51) MONTEIRO, Regina. *Técnicas fundamentuis do psicodrama.* São Paulo, Brasiliense, 1993, p. 211.

(52) _____. *Jogos dramáticos.* São Paulo, McGraw-Hill do Brasil, 1979, p. 6.

(53) _____. "O jogo dramático e a resistência". *Revista da Febrap,* ano 6, n° 1, pp. 62-69.

(54) MORENO, J. L. *Psicodrama.* São Paulo, Cultrix, 1978, pp. 1, 50-1 e 276.

(55) _____. *Fundamento do psicodrama.* São Paulo, Summus, 1978, pp. 130, 156-157.

(56) _____. *Quem sobreviverá?* Goiânia, Dimensão, 1992, pp. 26-27.

(57) _____. O teatro da espontaneidade. 2ª ed. São Paulo, Summus. 1984, pp. 35-6, 65-6, 105-111, 113.

(58) MORENO, Zerka. *Psicodrama de crianças.* Petrópolis, Vozes, 1975, p. 54.

(59) MORENO, J. L. *Psicoterapia de grupo e psicodrama*. Campinas, Editorial Psy, 1993.

(60) MORENO, J. L. e EMSEIS, J. M. *Hipnodrama e psicodrama*. São Paulo, Summus, 1984.

(61) MEROLA, E. D. "Desbloqueio da expressão e técnicas de redação através do jogo dramático". *Revista da Febrap,* anais 4º Congresso, 1984, pp. 20-31.

(62) MOTTA, J. C. "A carreira de prostituta ou leitura psicodramática da prostituição". *Revista da Febrap,* anais do IV Congresso Brasileiro de Psicodrama, vol. 4, pp. 90-99.

(63) _____. "Correlação entre o herói mítico grego e protagonista (O mito de Ícaro)". *Revista da Febrap,* anais 6º Congresso, vol. 4, 1988.

(64) NAFFAH NETTO, A. *Psicodrama: descolonizando o imaginário.* São Paulo, Plexus, 1997.

(65) _____. *O inconsciente como potência subversiva*. São Paulo, Ed. Escuta, 1991, p. 30.

(66) NICOLL, A. *Maskis, mimes and miracles*. Harrap, 1931.

(67) PIRES, M. A. P. "Psicodrama na reabilitação profissional: aplicação de jogos dramáticos numa sessão de grupo". *Revista da Febrap,* ano 6, nº 1, 1983, pp. 11-15.

(68) POLITANO JR., Oswaldo. "Desenvolvimento ou treinamento de papel? Ou a grande farsa?" *Revista da Febrap,* anais 6º Congresso, vol. 1, 1988.

(69) RODRIGUES, Maria F. e PEREIRA, V. C. "Uma experiência com psicodrama num grupo de criança utilizando jogos dramáticos". *Revista da Febrap,* ano 3, nº 1, 1980, pp. 40-44.

(70) ROSOCHANSKY, Albina e outros. "Jogos dramáticos no psicodrama infantil". *Revista da Febrap,* anais 4º Congresso, vol. 3, pp. 33-49.

(71) RUGGIERO, D. A. e PETRILLI, S. R. "Psicoterapia com pré-adolescentes: relato de uma experiência". *Revista da Febrap,* anais 6º Congresso, vol. 3, 1988, pp. 97-116.

(72) SALZANI, J. C. "Psicodrama com menores portadores de conduta antissocial realizado na Febem U. E. 9, Mogi Mirim, SP". *Revista da Febrap,* ano I, nº 2, 1978, pp. 70-71.

(73) SCHÜTZEMBERGER, A. A. *Introdução à dramatização*. Belo Horizonte, Interlivros, 1979, p. 77.

(74) SCHÜTZEMBERGER, A. A. e WEIL, P. *Psicodrama triádico*. Belo Horizonte, Interlivros, 1977.

(75) SCHUTZEMBERGER, Anne. *O teatro da vida*. São Paulo, Livraria Duas Cidades, 1970.

(76) SILVA FILHO, L. A. "Psicodrama: utilização do desenho em psicoterapia psicodramática". *Revista de Psicodrama SOPSP*, 1992, pp. 56-77.

(77) SILVA JÚNIOR, Aldo. *Jogos para treinamento e educação*. Curitiba, Imprensa Universitária, 1982.

(78) _____. "Treinamento do papel de paciente de grupo terapêutico". *Revista da Febrap*, ano 5, n° 1, 1984, pp. 43-47.

(79) TEIXEIRA, C. M. F. "Contribuição de Moreno à dinâmica de grupo". *Revista da Febrap*, anais 6° Congresso, vol. 4, 1988, pp. 107-111.

(80) TFAUNI, D. F. "Uma contribuição ao psicodrama com idosos". *Revista da Febrap*, anais 4° Congresso, 1988.

(81) TIBA, Icami. "Grupo especial de púberes masculinos apresentando a síndrome de 5ª Série do 1° Grau". *Revista da Febrap*, ano 6, n° 2, 1985, pp. 5-19.

(82) VASSIMON, M. A. e CYWINSKI, Regina C. "O treinamento do papel de mãe como o gerador de modificações numa comunidade". *Revista da Febrap*, ano 2, n° 1, pp. 41-42.

(83) VIEIRA, Carmem L. F. "Psicodrama analítico". *Revista Brasileira de Psicodrama*, vol. 2, fascículo I, 1994, p. 59.

(84) WEIL, Pierre. "O psicodrama da esfinge". *Revista da Febrap*, ano I, n° 1.

(85) ZAMBONI, N. G. "Os contos de fadas no psicodrama". *Revista da Febrap*, anais 4° Congresso, vol. IV, 1984, pp. 161-117.

(86) ZAMPIERI, A. M. F. "A realização de psicodramas públicos na grande São Paulo". *Revista da Febrap*, anais 6° Congresso, vol. 4, 1988, pp. 168-178.

JÚLIA MARIA CASULARI MOTTA

Júlia Motta é mineira de São Geraldo, uma cidadezinha ao pé da Serra Verde, bem ao gosto dos contadores de histórias.

Formou-se psicóloga pela PUC. Fez especialização em Psicodrama no Instituto de Psicodrama e Psicoterapia de Grupo de Campinas — IPPGC e formação em Terapia Familiar Sistêmica pelo Instituto Familiae, São Paulo.

Sua atividade clínica está direcionada para o atendimento à família, aos jovens e aos adultos.

Desenvolve atividade de docência e supervisão, e também de assessoria para instituições. Tem participado, ainda, de vários projetos sociais com jovens.

Atualmente é doutoranda em Saúde Coletiva na UNICAMP, área de Saúde do Trabalhador, com pesquisa em Jogos no Teatro do Trabalho.

Foi uma das fundadoras do movimento Sarau: Arte, Mito e Psicologia, que reúne arte e ciência numa festa-ritual.

Mitologia, ecologia e espiritualidade são campos de interesse sempre presentes. Por enquanto, tem dois netos.

Leia Também

100 JOGOS PARA GRUPOS
Uma abordagem psicodramática para empresas, escolas e clínicas
Ronaldo Yudi K. Yozo

Este é um instrumento de trabalho indispensável para qualquer profissional que trabalha com grupos, nas áreas referidas. Seu autor, psicodramatista com experiência em várias frentes, não se limita a listar cem jogos aleatoriamente. Ele os classifica de acordo com o momento do grupo, sendo, portanto, extremamente didático. A paginação cuidadosa também facilita sua utilização como obra de consulta rápida e eficiente. REF. 20510.

DO PLAYBACK THEATRE AO TEATRO DE CRIAÇÃO
Albor Vives Reñones

A leitura desse livro é provocante e inspiradora. O autor escreve como um bom escritor, faz reflexões como um bom pensador e cria como um artista. Para quem gosta da linguagem do teatro em suas aplicações não-convencionais, é imperdível. Recomendado também para artistas em geral e terapeutas grupais. REF. 20783.

EDUCAÇÃO E DESENVOLVIMENTO
(Cadernos de Psicodrama)
Luiza Cristina de A. Ricotta (org.)

O tema "Educação e Desenvolvimento" é aqui apresentado de forma ampla, voltado não só para as práticas e necessidades da escola como também para as necessidades de grupos específicos. As duas abordagens aparecem aqui intimamente ligadas, o desenvolvimento do indivíduo sendo enfocado como conseqüência da tarefa de educar. E tudo isso sob a ótica do psicodrama, em versões originais do pensamento moreniano. REF. 20029.

A ESCULTURA NA PSICOTERAPIA
Psicodrama e outras técnicas de ação
Elisa López Barberá e Pablo Población Knappe

Este livro dirige-se a todos os psicoterapeutas, de qualquer escola, interessados em integrar técnicas ativas ao seu trabalho. A escultura, que os autores consideram a mais eficiente, é o foco principal da obra. Além de apresentar um importante acervo das técnicas de ação existentes, entre elas o psicodrama, o livro é acrescido de sólido embasamento teórico e da contribuição original e criativa do pensamento dos autores. REF. 20660.

GRUPOS
A proposta do psicodrama
Wilson Castello de Almeida (org.)

A busca por trabalhos em grupos vem conquistando espaço em empresas, escolas, hospitais. O psicodrama tem uma proposta clara para oferecer, de excelente aplicação em numerosas situações coletivas. Este livro traz artigos de 16 profissionais de destaque que discorrem sobre diferentes aspectos do psicodrama. REF. 20702.

O JOGO NO PSICODRAMA
Júlia Motta (org.)

Coletânea de artigos de 11 conceituados psicodramatistas brasileiros tratando do polêmico tema dos jogos em grupos de psicodrama. São textos esclarecedores, que fornecem material para reflexão e aprimoramento de seus praticantes. Indispensável para estudantes e profissionais de psicologia. REF. 20503.

JOGOS DRAMÁTICOS
Regina F. Monteiro

O jogo insere-se na psicoterapia por meio do psicodrama, não só estruturado como técnica de aquecimento, mas também propiciando o aparecimento de uma atmosfera permissiva. A autora apresenta aqui jogos dramáticos, coleciona-os, classifica-os e os oferece aos profissionais para que os utilizem na sua prática diária e em sua própria vida. REF. 20472.

MAIS DO QUE UM JOGO
Teoria e prática do jogo em psicoterapia
Pablo Población Knappe

Todo profissional que tem dúvidas quanto à utilização de jogos em terapias terá aqui um prato cheio; os que já os utilizam, entenderão melhor o seu potencial. Teorias, conceitos, linguagem, limites, liberdade, invenção – o jogo aqui é dissecado e o autor explica por que o considera a essência da psicoterapia. Recomendado aos que trabalham com jogos, aos psicodramatistas em especial. REF. 20645.

―――――――――― dobre aqui ――――――――――

> ISR 40-2146/83
> UP AC CENTRAL
> DR/São Paulo

CARTA RESPOSTA
NÃO É NECESSÁRIO SELAR

O selo será pago por

SUMMUS EDITORIAL

05999-999 São Paulo-SP

―――――――――― dobre aqui ――――――――――

JOGOS: REPETIÇÃO OU CRIAÇÃO?

recorte aqui

CADASTRO PARA MALA-DIRETA

Recorte ou reproduza esta ficha de cadastro, envie completamente preenchida por correio ou fax, e receba informações atualizadas sobre nossos livros.

Nome: _____ Empresa: _____
Endereço: ☐ Res. ☐ Coml. _____ Bairro: _____
CEP: _____ - _____ Cidade: _____ Estado: _____ Tel.: ( ) _____
Fax: ( ) _____ E-mail: _____
Profissão: _____ Professor? ☐ Sim ☐ Não Disciplina: _____ Data de nascimento: _____

1. Você compra livros:
☐ Livrarias ☐ Feiras
☐ Telefone ☐ Correios
☐ Internet ☐ Outros. Especificar: _____

2. Onde você comprou este livro? _____

3. Você busca informações para adquirir livros:
☐ Jornais ☐ Amigos
☐ Revistas ☐ Internet
☐ Professores ☐ Outros. Especificar: _____

4. Áreas de interesse:
☐ Psicologia ☐ Comportamento
☐ Crescimento Interior ☐ Saúde
☐ Astrologia ☐ Vivências, Depoimentos

5. Nestas áreas, alguma sugestão para novos títulos? _____

6. Gostaria de receber o catálogo da editora? ☐ Sim ☐ Não

7. Gostaria de receber o Ágora Notícias? ☐ Sim ☐ Não

Indique um amigo que gostaria de receber a nossa mala-direta

Nome: _____ Empresa: _____
Endereço: ☐ Res. ☐ Coml. _____ Bairro: _____
CEP: _____ - _____ Cidade: _____ Estado: _____ Tel.: ( ) _____
Fax: ( ) _____ E-mail: _____
Profissão: _____ Professor? ☐ Sim ☐ Não Disciplina: _____ Data de nascimento: _____

Editora Ágora
Rua Itapicuru, 613 7º andar 05006-000 São Paulo - SP Brasil Tel (11) 3872 3322 Fax (11) 3872 7476
Internet: http://www.editoraagora.com.br e-mail: agora@editoraagora.com.br

cole aqui